Stephan Kaufhold

Sportstunden – schnell und klar

ab 3. Schuljahr

Persen®
Persen Verlag
Horneburg/Niederelbe

Gedruckt auf umweltbewusst gefertigtem, chlorfrei gebleichtem und alterungsbeständigem Papier.

4. Auflage 2004
Nach der Neuregelung der deutschen Rechtschreibung.

Illustrationen: Magic World Studio, Berlin (Renata Golaszewska, Alexander Erkens)
Satz: media.design, Neumünster

ISBN 3-89358-**838**-8

Inhalt

1. Vorbemerkung 4

2. Zur Handhabung 5

- ▷ Einige sportmethodische Hinweise 5
- ▷ Die Struktur der Stunde 6
- ▷ Verwendete Piktogramme 7
- ▷ Die wichtigsten Spiele im Überblick 9

3. Stundenbilder 1–64 10

- ▷ Verzeichnis der Stundenbilder 10
- ▷ Grundformen der Bewegung mit und ohne Kleingerät 12
- ▷ Spielräume entdecken und soziale Kompetenz fördern 50
- ▷ Leichtathletik 64
  - ▷ Laufen – ausdauernd 64
  - – schnell 82
  - ▷ Springen 92
  - ▷ Werfen 100
- ▷ Gerätturnen 110
- ▷ Auf dem Weg zu den Sportspielen – ballspielerische Fähigkeiten schulen 126

4. Möglichkeiten der Gruppenbildung 140

5. Literatur 142

1. Vorbemerkung

Vor Ihnen liegt eine Sammlung von Stundenbildern aus dem Grundschulbereich des Sportunterrichtes. Sie soll Sportlehrern* Hilfe und Anregung sein, den Unterricht für ihre Klassen noch abwechslungs- und erlebnisreicher zu gestalten. Sie soll zugleich ein leicht handhabbares Kompendium für jene Kollegen sein, die nicht in dem Fach ausgebildet sind, es lange nicht mehr unterrichtet haben oder sich beispielsweise auf eine längere Vertretung einstellen müssen.

Nun stellt sich die Frage, welche methodischen und didaktischen Möglichkeiten ein notwendigerweise knapp gehaltenes Stundenbild für den Lehrenden bietet und wo dessen Grenzen liegen. Sicherlich kann es keine Basis für eine Einführungsstunde mit kognitiv anspruchsvollem Lehrstoff sein, weshalb ich auf die Darstellung von solchen Unterrichtsinhalten verzichtet habe.

Die Gründe sind einleuchtend. Denn, wo es darum geht, technische Bewegungsabläufe begreifbar zu machen oder aber komplizierte Sachverhalte anschaulich zu schildern, ist es mit einer Seite Stundenverlauf nicht getan. Mehr noch: Dazu ist eine intensivere und umfangreichere Aneignung von sportpädagogischem sowie sportmethodischem Wissen vonnöten, welches nicht in jedem Fall vorausgesetzt werden kann. Wenn die Stundenbilder dazu führten, die eine oder andere Fachfrage theoretisch zu vertiefen, wäre das ein positiver Effekt.

Was leisten nun die in diesem Format dargestellten Stundenbilder?

- All die Stunden kommen zum Zuge, die zum Üben und Festigen von Erlerntem geeignet sind.
- Die Auswahl der Stundenbilder spiegelt beinahe die gesamte Bandbreite des Grundschulsports wider, ist rahmenplanrelevant und aufgrund ihrer Struktur leicht in die verschiedenen Sportcurricula der einzelnen Bundesländer einzuordnen.
- Alle Stunden sind in der vorliegenden Form oder leicht abgeändert mehrmals und in verschiedenen Klassen gehalten worden. Sie bieten vielfältige Bewegungsangebote, berücksichtigen auch kleinere Turnhallen und der Geräteaufwand ist zumeist sehr gering.
- Die Stundenbilder ordnen sich pädagogischen sowie didaktisch-methodischen Grundsätzen unter. Trainingswissenschaftliche Erkenntnisse werden ebenso berücksichtigt wie die Förderung sozialer Kompetenzen sowie freudbetontes und altersangemessenes Lernen.
- Sie bieten – soweit möglich und darstellbar – Raum für Differenzierungen und eigene Gestaltungsmöglichkeiten.

Kurzum: Dem Lehrenden kann und soll ein übersichtliches und überschaubares Material geboten werden, das es ihm in relativ kurzer Zeit ermöglicht, einen sachgerechten Sportunterricht durchzuführen, der den Schülern Spaß macht und in dem sie auch etwas lernen.

---

* Zugunsten der Lesbarkeit ist in den Texten überwiegend von Lehrern, Schülern, *Fängern* usw. die Rede. Selbstverständlich sollten sich auch Lehrerinnen, Schülerinnen, *Fängerinnen* usw. angesprochen fühlen.

2. Zur Handhabung

Einige sportmethodische Hinweise

Zunächst eine Bemerkung zu der am Anfang jedes Stundenbildes gegebenen **Empfehlung zur Klassenstufe**: Natürlich unterliegt die Stoffauswahl und die methodische Herangehensweise alters- und lehrplanspezifischen Kriterien. Doch die Grenzen sind oft fließend, vor allem, weil insbesondere in der Grundschule der geistige und körperliche Entwicklungsstand nicht nur innerhalb einer Klasse, sondern auch zwischen den Klassen einer Stufe sehr verschieden sein kann. Dieser Umstand bedingt ein sehr unterschiedliches Niveau an Kenntnissen und Bewegungserfahrungen, das im Übrigen auch abhängig ist vom Verlauf des bisherigen Unterrichts. Es kann also durchaus eine vierte Klasse geben, die sich schon mit technischen und taktischen Fragen des Basketballs beschäftigt, weil sie sonst unterfordert wäre. Und andersherum gibt es sicher Schüler der 6. Klasse, bei denen man keine Rolle vorwärts oder Hockwende voraussetzen kann.

Auch für die Anfangsklassen 1 und 2, die in ihrem Gesamtanspruch aus verschiedenen Gründen hier nicht berücksichtigt sind, bieten sich einige Stunden u. a. aus den *Grundformen der Bewegung* an.
Diesbezüglich gilt es also, mit Fingerspitzengefühl das eine oder andere Mal Methoden, Maßnahmen, Aufgabenstellungen sowie Zeiten und Entfernungen den Bedürfnissen der Schüler in der jeweiligen Situation anzupassen ohne das didaktische Konzept zu verlassen.

Hinweisen möchte ich noch auf ein paar Besonderheiten hinsichtlich der **Ausdauerbelastung** und deren Gestaltung.

Die Fähigkeit zu entwickeln, ausdauernd zu laufen und damit das Herz-Kreislauf-System zu ökonomisieren, ist ein zentrales Anliegen der schulsportlichen Entwicklung von Kindern und Jugendlichen. Eine große Bedeutung kommt der sportmethodischen und organisatorischen Aufbereitung dieses Unterrichtszieles zu. Hier liegt oft ein „Knackpunkt“, der die Haltung der Schüler gegenüber Ausdauerbelastungen nachhaltig beeinflussen kann.

Die Anforderungen vielfältig statt eintönig zu gestalten und Belastungen in anspruchsvolle und motivierende Spielformen zu kleiden – das sollte insbesondere bei der Ausdauerentwicklung der Schüler ein wichtiges pädagogisches Kriterium sein.

Eine kleine Auswahl möglicher Formen bieten in dieser Hinsicht die Stundenbilder 27 bis 35. Aufgrund der Kürze ihrer Darstellung sei noch einmal auf **einige Grundsätze** hingewiesen, die bei der Durchführung des Unterrichts zu beachten sind:

- Gefördert werden soll insbesondere gleichmäßiges Laufen mit individuellem Tempo.
- Die Ausdauerbelastung über den Umfang und nicht die Intensität steigern.
- Bei untrainierten Schülern mit einer Minute ausdauernden Laufens beginnen und dann schrittweise bis auf 10 Minuten und mehr steigern.
- Langfristig die Schüler in diesbezügliche Unterrichtsvorhaben einbeziehen und Vorgänge im eigenen Körper veranschaulichen (Atemrhythmus, Puls messen).
- Bei den Schülern insbesondere zu Beginn solcher Unterrichtsformen beobachten, wie sie die Belastungen verkraften. Gerade bei versteckten und in Spielformen gekleideten Ausdaueranforderungen kann es vorkommen, dass sich Schüler eben doch mehr zumuten, als sie verkraften können.
- Deshalb keine oder nur geringe Belastungen dieser Art bei Außentemperaturen ab 25 Grad, bei Smog, aber auch bei Verdacht auf fiebrige Infektionen oder Herzfehlern. Ein Belastungspuls sollte nach einer Minute um etwa 30 Schläge gesunken sein.

Die Struktur der Stunde

Die Einteilung der Stunden in **Erwärmung, Hauptteil und Ausklang** scheint etwas traditionell. Sie sollte jedoch – zweifellos bei unterschiedlichen Formen – jeder Unterrichtsstunde zugrunde liegen. Dass das kein Dogma ist, zeigen einige Stundenbilder aus verschiedenen Bereichen, in denen methodische wie organisatorische Gegebenheiten Zusammenfassungen ratsam erscheinen lassen.

Die **Zeitangaben** für die einzelnen Phasen sind gleichfalls kein starres Korsett, sondern als Empfehlungen bzw. Hinweise anzusehen. So erscheint es manchmal sinnvoll, eine Phase zugunsten der anderen zeitlich auszudehnen oder zu verkürzen. Alter, Erfahrung und Kenntnisse der Schüler sowie die konkrete Klassensituation entscheiden darüber.

Bei der Verwendung der in den Stundenbildern angebotenen **Spiele** zur Erwärmung und zum Ausklang ist zuweilen ebenfalls variables Denken und Handeln vom Unterrichtenden gefragt. Wenn ein Spiel bei den Schülern schon zu „abgenutzt" oder aus organisatorischen Gründen nicht durchführbar ist, dann muss kurzfristig eine Alternative her. Etwas helfen kann da die **Spieleübersicht** (s. S. 9), in der die Fangspiele besonders hervorgehoben sind. Der Verweis auf die jeweiligen Stunden in dieser Spieleübersicht dient zum einen dem leichteren Auffinden der Darstellung bzw. Erklärung, zum anderen stehen die Spiele zumeist in einem methodischen oder organisatorischen Kontext, den zu kennen wichtig sein kann.

Fang- bzw. Laufspiele für die Erwärmung scheinen oft beliebig austauschbar, da sie sich häufig in ihrer Grundstruktur gleichen oder ähneln. Wenn man genauer hinschaut, erkennt man jedoch verschiedene Fähigkeiten und soziale Komponenten, die in dem einen oder anderen Fall angesprochen werden. So sollten beispielsweise konditionell anspruchsvolle Spiele oder solche mit ausgesprochenem Wettbewerbscharakter nur ganz selten an das Ende einer Stunde gelegt werden.

Verwendete Piktogramme

Um den Überblick zu erleichtern und leicht erkennbar Zusatzinformationen zu den Stundenbildern anzugeben, werden Piktogramme eingesetzt.

Piktogramme für die Bereiche des Sportunterrichts:

Grundformen der Bewegung mit und ohne Kleingerät

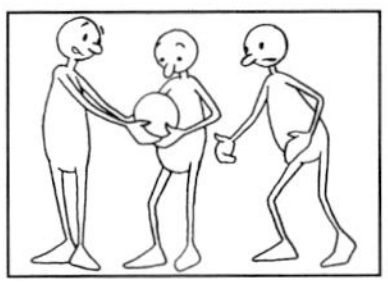

Spielräume entdecken und soziale Kompetenz fördern

Leichtathletik (Vier Teilbereiche)

Laufen - ausdauernd

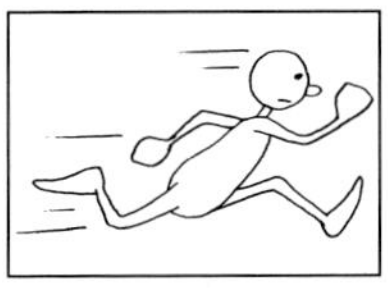

Laufen - schnell

Springen

Werfen

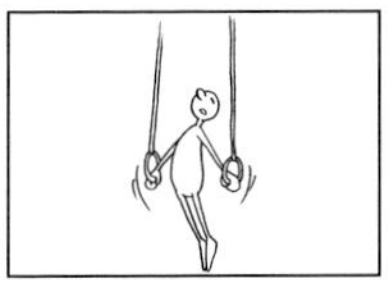

Gerätturnen

Auf dem Weg zu den Sportspielen – ballspezifische Fähigkeiten schulen

Piktogramme für die Fähigkeiten und Fertigkeiten, die in der Stunde vor allem gefördert und gefordert werden:

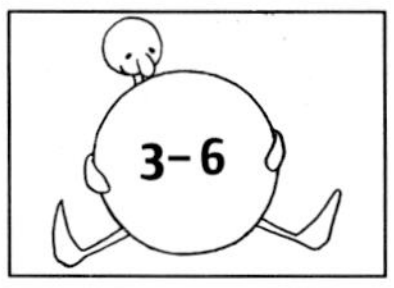

Gibt an, für welche Schuljahre die Stunde besonders geeignet ist

In dieser Stunde wird die Kooperation besonders gefördert

Ausbildung koordinativer Fähigkeiten steht im Vordergrund

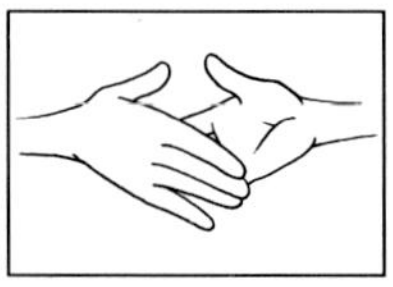

Hier wird Fairness gefordert und gefördert

Stunde mit starker konditioneller Belastung

Weitere Piktogramme:

Besonders beliebtes Spiel

Wichtiger Hinweis

Kursiv geschrieben sind vor allem Aufforderungen und Fragestellungen des Lehrers gegenüber den Schülern. Aber auch Spiele, Fantasienamen oder im übertragenen Sinn benutzte Äußerungen und Wörter heben sich der Übersichtlichkeit halber auf diese Weise vom Schriftbild ab.

Fett geschrieben werden die einzelnen Unterrichtsschritte in der Erwärmungsphase, dem Hauptteil und dem Ausklang.

Die wichtigsten Spiele im Überblick

Nicht alle Spiele oder Spielformen, die in den Anfangs- und Endphasen der Stundenbilder Verwendung finden, sind hier aufgeführt. Das liegt unter anderem daran, dass sie entweder methodisch und organisatorisch eng mit den Hauptteilen verzahnt sind oder sich aus ihnen entwickeln bzw. zu ihnen hinführen.

Die Zahlen beziehen sich auf die Stundennummern.

Abschirmen – 30
Abtupfen – 42
Abholstaffel – 37

Balltreiben – 28
Blindenlauf – 18
Brückenwächter – 29
Brückenzeck (Fangspiel) – 3
Buchstabenlegen – 5

Denkmal – 59
Die Mauer fällt – 46
Dreibeinfangen (Fangspiel) – 53

Eins, zwei, drei (Fangspiel) – 52
Entspannen – 35
Erdbeben – 19

Fischer, Fischer (Fangspiel) – 24
Flatterball – 26
Fliesenfänger (Fangspiel) – 38
Freistation (Fangspiel) – 26

Gassenball – 55
Gordischer Knoten – 20
Großes Seil – 1

Haltet das Feld frei! – 4
Häscher auf Jagd – 57
Heiße Kartoffel – 60 (Fangspiel)
Hohe Mauer – 44

Inselhoppen – 41

Jägerball – 31

Kastenball – 48
Katze und Maus – 62
Kettenfangen (Fangspiel) – 56
Klammerkönig – 32
Klebriges Monster (Fangspiel) – 12
Komm mit! – Lauf weg! – 61
König erkennen – 8
Königspaar befreien – 9
Krebsfussball – 52
Krebs oder Kranich – 36
Krokodil – 51

Labyrinth – 60
Liegezeck – 5
Luftballon – 26
Luftnummer – 31
Lustiger Schlag (Fangspiel) – 23

Mattensurfen – 10
Minutenzeck (Fangspiel) – 11, 50
Mr. X (Fangspiel) – 6

Parteibandfangen (Fangspiel) – 34, 36
Pestbeulen (Fangspiel) – 39
Pirat – 25

Reifendurchsteigen – 20
Reifentick (Fangspiel) – 7
Rhythmische Erwärmung – 27
Roboterspiel – 18

Sandwich – 29
Schießbude – 47
Schwungtuch – 3
Sonnenuhr – 32
Sprint-Abc – 37
Sprung aus den Wolken – 40

Tintenfisch (Fangspiel) – 17
Todesspirale – 39
Trapper und Indianer – 64
Tücherstecken – 13

Urviech – 63

Viereckentick – 27

Wagenrennen – 38
Was bin ich? – 34
Wer ist der Fänger? (Fangspiel) – 22
Werfen und Laufen – 49
Würfel dich frei! (Fangspiel) – 35

Virus (Fangspiel) – 15

Zahlen legen – 58
Zeitungsträger (Fangspiel) – 41
Zitrone (Fangspiel) – 15
Zombie – 4, 30
Zugfahren – 16
Zuspiele zählen – 59

3. Stundenbilder 1–64

Verzeichnis der Stundenbilder

Grundformen der Bewegung mit und ohne Kleingerät

1. Miteinander – Gegeneinander
2. Mit Fliesen umgehen
3. Kartons verwenden
4. Mit verschiedenen Bällen
5. Gruppenarbeit mit Bällen
6. Zeitungen flattern
7. Was Reifen können
8. Mit Bänken turnen
9. Rollen, Wälzen, Balancieren
10. Mit Matten klettern und entdecken
11. Ballons schweben
12. Gemeinsam mit dem Schwungtuch
13. Mit dem kleinen Tuch
14. Über Hindernisse
15. Zirkel zur Kondition
16. Kämpfen und Vertrauen
17. Haltung bewahren
18. Wir sehen nichts
19. Balance finden

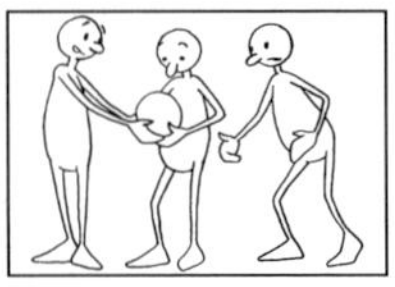

Spielräume entdecken

20. Staffeln mit Bällen
21. Spielstationen
22. Völkerball mit Variationen
23. Brennball einmal anders
24. Turnschuhe rauben
25. Pirat
26. Flatterball

Leichtathletik

Laufen – ausdauernd

27. Mein Tempo finden
28. Inside – Outside
29. Verfolgungsrennen
30. Bingostaffel
31. Biathlon
32. Zeichenlauf
33. Punkte sammeln
34. Zahlenlauf
35. Würfellauf

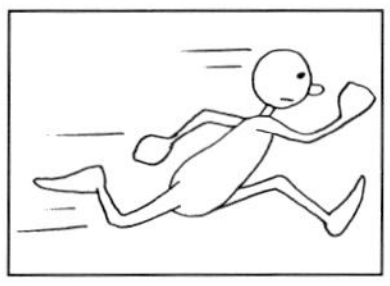

Laufen – schnell

36. Parteibandstaffel
37. Platzwechselläufe
38. Nummernwettläufe
39. Sprints aus verschiedenen Ausgangslagen

Springen

40. Vielseitiges Springen
41. Rhythmisches Anlaufen
42. Gezielt springen
43. Hochsprung-Garten
44. Sprünge über die Kastentreppe

Werfen

45. Treffgelegenheiten
46. Bälle kommen zurück
47. Werfen und Fangen in Bewegung
48. Es müssen nicht nur Bälle sein
49. Mit Anlauf gehts besser

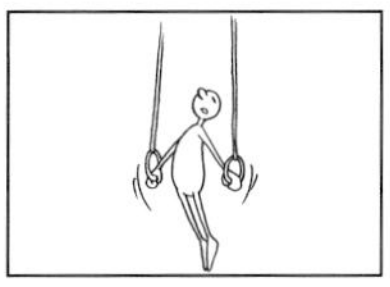

Gerätturnen

50. Rolle vorwärts
51. Mit Tauen kann man …
52. Schaukeln und Schwingen an den Ringen
53. Gewöhnungsübungen am Reck
54. Rad – über Bänke und mehr
55. Stützsprünge in der Bankgasse
56. Stützsprung-Garten
57. Stützsprünge am Kasten

Auf dem Weg zu den Sportspielen

58. Dribbeln und Spielen
59. Passen und Fangen
60. Fangen schwer gemacht
61. Ballstationen
62. Zum Mini-Handball
63. Zum Mini-Basketball
64. Fußball einmal anders

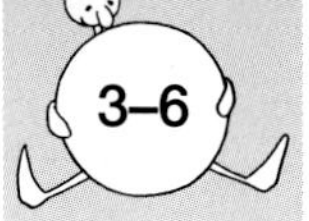

Miteinander – Gegeneinander

Intentionen: Geschicklichkeit, Differenzierungsfähigkeit fördern

Erwärmung — 10 Min.

Seilspringen. Schüler springen mit dem Seil und versuchen es:

- Alleine – mit geschlossenen Beinen, einbeinig, über Kreuz, Doppeldurchschlag
- Mit Partner – vorwärts, rückwärts
- Nach Zeit/Anzahl

Hauptteil — 30 Min.

Zweikampf mit Seilen auf Bänken. Schüler stehen sich auf zwei langen Bankreihen (2 m Abstand) gegenüber, sodass auf jeder Seite die gleiche Anzahl steht. Nun reichen sich die entstehenden Paare jeweils das Ende eines Seils und versuchen durch geschicktes Ziehen und Nachgeben das Seil ganz an sich zu ziehen oder den anderen zum Absteigen von der Bank zu zwingen.
Nach ca. 30 Sekunden erfolgt ein Wechsel auf die Position des rechten oder linken „Nebenmannes", sodass bald alle Schüler einmal miteinander im Zweikampf standen.
Abgeschlossen werden kann die Phase durch einen Gang über die umgedrehten Bänke, bei dem die Kinder versuchen müssen, auf dem Boden liegende Seile aufzuheben, einzusammeln oder einfach nur auf die andere Seite zu legen.

Zweikampf auf Bank. Eine Bank bleibt stehen – jedoch mit der Schmalseite nach oben. Matten werden auf beiden Seiten ausgelegt. Die Schüler stellen sich nun an den Bankenden gleichmäßig verteilt auf. Nun gehen zwei zur Mitte der Bank, verschränken die Hände hinter dem Rücken und versuchen sich gegenseitig von der Bank zu schubsen (... was erfahrungsgemäß sehr gesittet geschieht).

Die Kinder entscheiden selbst, ob und mit wem sie kämpfen!
Für unsichere oder jüngere Schüler Breitseite der Bank nach oben!

Ausklang — 5 Min.

Großes Seil. Zwei Schüler schwingen ein zusammengeknöpftes Seil (oder eine Zauberschnur) so, dass die anderen allein, zu zweit oder in Gruppen hindurchlaufen können. Im zweiten Teil schwingt das Seil in die andere Richtung und die Schüler versuchen nun, möglichst oft auf der Stelle zu springen.

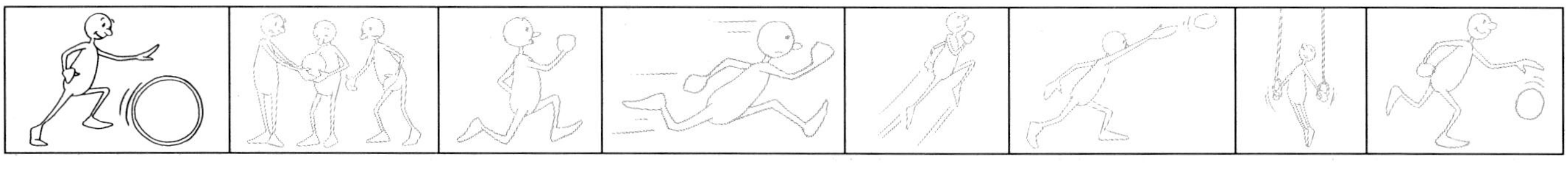

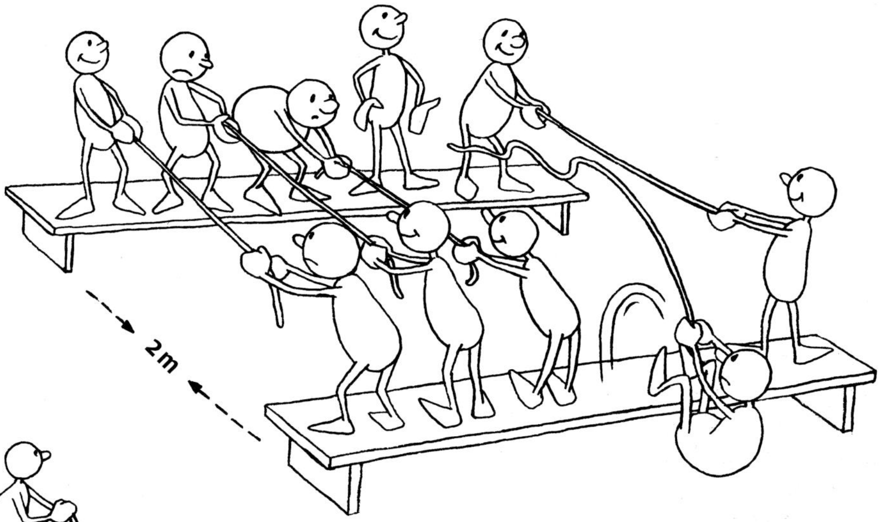
2m

Mit Fliesen umgehen

Intentionen: Stützkraft schulen, Kooperation entwickeln

Erwärmung — 10 Min.

Mit Fliesen bewegen. Schüler gewöhnen sich an die Fliesen, indem sie selbst verschiedene Fortbewegungsmöglichkeiten ausprobieren. Dann fordert der Lehrer zu bestimmten Formen auf, wenn sie noch nicht von den Schülern selbst gefunden wurden:

- ▷ *Wischt den Hallenboden auf!*
- ▷ *Benutzt die Arme, um euch fortzubewegen!*
- ▷ *Stoßt euch mit einem Bein ab!*

Hauptteil — 25 Min.

Fliesenriegen. Es werden zunächst vier bis sechs Riegen gebildet. Der Lehrer erklärt, unter welchen Bedingungen die Schüler eine bestimmte Distanz mit den Fliesen zurücklegen müssen. Diese Aufgabe soll immer als Gruppe gelöst werden, d. h. die Gruppe startet zu jedem Durchgang gemeinsam und muss sich untereinander berühren.

Beispiel für Riegen mit fünf Schülern und einer Fliese (die Zahl der benutzten Fliesen kann natürlich variiert werden):

- ▷ Vier Beine auf der Fliese
- ▷ Zwei Beine und eine Hand auf der Fliese, neun Hände auf der Erde
- ▷ Sechs Hände auf der Fliese, zwei Beine in der Luft

Weitere Variationen sind jederzeit möglich, müssen jedoch an das Alter der Schüler angepasst sein.

Fliesenstaffel. Es folgen Staffeln mit vorgeschriebener Fortbewegungsart:

- ▷ Schubkarre auf einer Fliese
- ▷ Einer hockt – einer schiebt oder zieht
- ▷ Bäuchlings auf der Fliese liegen und über den Boden rutschen oder gezogen werden
- ▷ Die ganze Riege fasst sich an den Hüften, steht jeweils mit dem rechten Bein auf der Fliese und stößt sich mit dem linken ab

Ausklang — 10 Min.

Von Fliese zu Fliese. Alle Fliesen werden mit der Stoffseite nach oben auf dem Hallenboden verteilt, sodass die Schüler von Fliese zu Fliese springen können.
Anschließend laufen sie umher und dürfen sich nur noch eine Fliese suchen, wenn der Lehrer dazu das Signal gibt. Nach und nach werden die Fliesen entfernt, sodass mehre Schüler auf einer Fliese Platz haben müssen.

Alternative: Ein normales Fangspiel, bei dem der abgeschlagene Schüler an den Rand geht. Dort muss er selbst einen anderen Schüler ziehen. Man kann auch ein Tau (oder mehrere) an Sprossenwänden befestigen, an denen man sich im Falle eines Abschlages auf der Fliese entlangziehen muss.

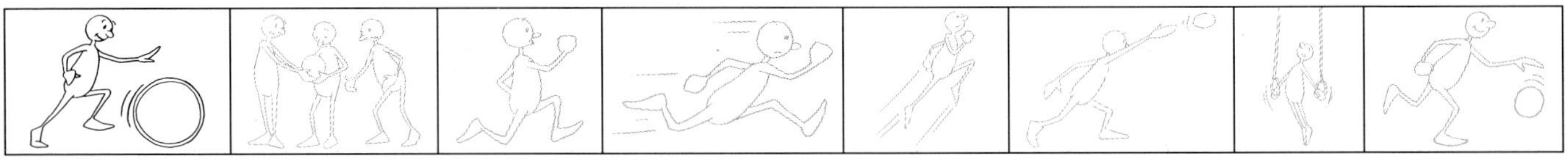

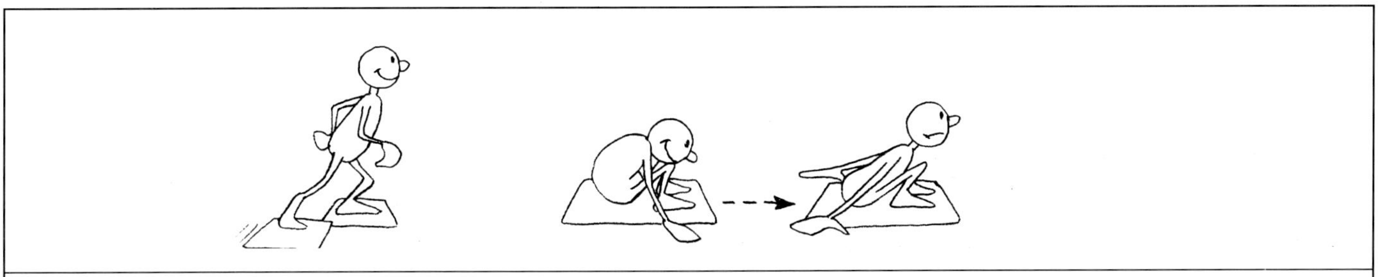

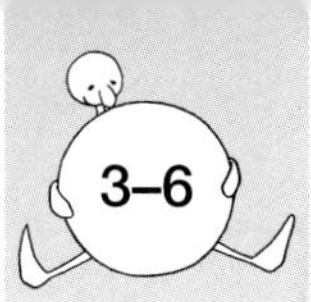

Mit verschiedenen Bällen

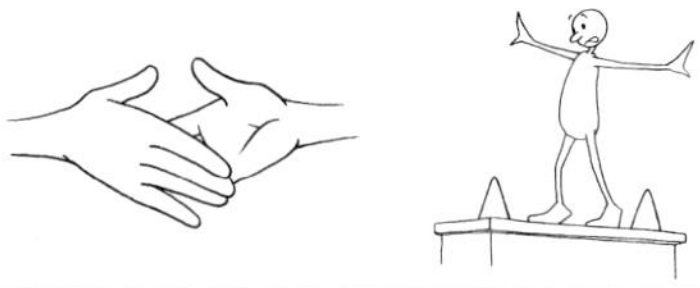

Intentionen: Sicheres Werfen und Fangen üben

Erwärmung — 10 Min.

Zombie. Das ist Hase und Jäger einmal anders (s. St. 30). Ein Weichschaumball ist im Spiel. Jeder kann ihn nehmen und jemanden damit abwerfen, jedoch nicht zweimal hintereinander. Der getroffene Schüler muss dann zunächst an die Seite, aber nur so lange, bis „sein" Abwerfer ebenfalls getroffen wurde.

Das Laufpensum erhöht man, wenn man den andern mit dem Ball berührt – *antupft*.
Danach muss der Ball fallen gelassen werden.

Hauptteil — 25 Min.

Ballübungen. Je nach Schülerzahl mindestens ebenso viele verschiedene Bälle in Kastenoberteilen o. Ä. an der Seite bereitlegen.

Einzeln.
Jeder sucht sich einen Ball und versucht damit mehrere vom Lehrer angesagte oder an die Tafel geschriebene Aufgaben zu lösen:
- Dribbeln
- Hochwerfen und vor dem Fangen klatschen, drehen, hinsetzen und aufstehen
- Durch die Beine rollen oder geben
- Im Sitzen werfen und fangen (auch mit einer Hand)
- Ball mit dem Fuß auf einer Hallenlinie führen

Mit dem Partner.
- Partner werfen sich im Sitzen, Stehen und Liegen den Ball zu – *Versucht den Ball so zu werfen, dass der Partner ihn fangen kann!*
- Bauch an Bauch und Rücken an Rücken mit dem Ball dazwischen gehen, hinsetzen und aufstehen
- Ein Schüler liegt auf dem Rücken und stößt den ihm vom Partner zugeworfenen Ball mit den Füßen wieder zurück
- Dribbeln um den Partner und durch dessen Beine

Bälle tauschen.
Kinder schlagen Übungen vor.

Ausklang — 10 Min.

Haltet das Feld frei! Alle Schüler mit Ball bilden eine Mannschaft und gehen auf die eine Seite des Feldes, das durch Bänke abgetrennt werden kann. Es werden für eine bestimmte Zeit alle Bälle immer wieder zur anderen Seite geworfen. Nach dem *Stopp!* des Lehrers werden jeweils die Bälle gezählt.

Es wird hektisch!
Klare Schiedsrichteranweisungen vermeiden Streit.
Ein Gespräch über die gesammelten Erfahrungen ist sinnvoll.

1.
2.
3.
3.
1.
2.

Gruppenarbeit mit Bällen

Intentionen: Ballsicherheit und Geschicklichkeit fördern

Erwärmung 7–10 Min.

Gruppen auf Pfiff. Schüler laufen frei umher und laufen auf ein Zeichen (Pfiff/Tafelanschrift) des Lehrers zu verschieden starken Gruppen zusammen.

Buchstabenlegen. Wie eben, doch jetzt kommen Aufgaben hinzu:
Legt euch zu einem X zusammen! (für zwei oder vier Schüler) oder *Bildet ein U!* (für drei Schüler) usw.

Hauptteil 25 Min.

Ballstaffel. Vier bis sechs Riegen – je nach Klassenstärke und Anforderung – stellen sich nun nebeneinander zur Ballstaffel auf. Die Riegenzusammenstellung ergibt sich aus der letzten Gruppenbildung bei der Erwärmung.

Zur Einstimmung.
- ▷ Eine bestimmte Anzahl von verschiedenen Bällen wird in einen kleinen Kasten oder ein Kastenoberteil gebracht und anschließend wieder ausgeleert
- ▷ Dann wird der Ball gerollt, hinter dem Rücken getragen, anschließend auf dem Handrücken balanciert, um den Körper gekreist
- ▷ Am Ort wird der Ball durch die Beine gereicht und über den Kopf gegeben

Die Schüler tauschen untereinander die Bälle!

Pendelstaffel. Riegen werden geteilt, sodass sie sich gegenüberstehen und in einer Art Pendelstaffel:
- ▷ Den Ball einander zuwerfen, sobald sie die Hälfte oder mehr des Abstandes zwischen den Teilriegen gelaufen sind
- ▷ Den Ball in einer Decke oder in einem Handtuch tragen
- ▷ Den Ball dribbeln und dann ihrem Gegenüber zuspielen
- ▷ Den Ball mit dem Turnschuh treiben

Weitere Möglichkeit:
- ▷ Die Riegen stellen sich an den Ecken oder kreisförmig auf, sodass sich die Schüler zwischen den Riegen die Bälle – im Uhrzeigersinn – zuwerfen können. Platzwechsel in Wurfrichtung!
  Der Erste jeder Mannschaft wirft also den Ball zum Zweiten der links von ihm stehenden Mannschaft und stellt sich selbst dort hinten an.

Ausklang 8–10 Min.

Liegezeck. Ein *Hase* kann sich vor dem Abschlag durch den *Jäger* retten, indem er sich einem stehenden/sitzenden/liegenden Schülerpaar zur Seite begibt. Das bedeutet für den jeweils äußeren Schüler, dass er bei Variante a) als *Hase* weglaufen muss oder bei Variante b) nun zum *Fänger* wird.

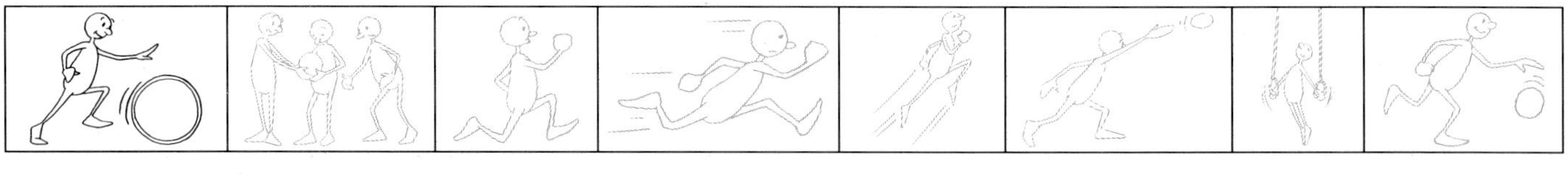

Zeitungen flattern

Intentionen: Kreativität und Geschicklichkeit fördern

Erwärmung — 8–10 Min.

Mr. X. Hier gilt es, *Mr. X* zu finden. Dazu wird ein Schüler oder eine Schülerin bestimmt, nachdem zwei Fänger die Halle verlassen haben. Diese werden nun wieder hereingebeten und haben die Aufgabe *Mr. X* zu fangen. Da sie nicht wissen, wie *Mr. X* aussieht, müssen sie erkennen, wer sich verdächtig bewegt oder wer vielleicht von den anderen Schülern besonders abgeschirmt wird. Die Fänger bekommen dies heraus, wenn sie die anderen Schüler berühren, da sich *Mr. X* in diesem Fall zu erkennen geben muss. Die restlichen Schüler machen es den Fängern schwerer, wenn sie auch weglaufen und so tun, als wären sie *Mr. X*.

Taktische Einweisung durch den Lehrer sinnvoll.

Hauptteil — 25 Min.

Bewegungsaufgaben mit Zeitungen. Jeder Schüler bekommt ein Zeitungsdoppelblatt. Die Zeitung vor der Brust, die allein durch den *Fahrtwind* haften soll, laufen sie frei umher.

In vier bis sechs Riegen werden die folgenden Übungen ausgeführt, nebeneinander in ausreichendem Abstand, um die Orientierung zu erleichtern und Zusammenstöße zu vermeiden:

- Seitwärtshüpfen – die Zeitung *klebt* seitlich an der Hüfte
- Nach demselben Prinzip zurück
- Zeitung vor die nach oben gestreckten Arme nehmen – laufen, Hopserlauf
- Laufen in unterschiedlichen Tempi, mit der Zeitung hoch über dem Kopf und an den Ecken angefasst

Einzeln oder paarweise können auch die folgenden Übungen durchgeführt werden:

- Zeitung vor jeweils einem nach oben oder unten gestreckten Arm transportieren, ohne dass sie wegfliegt
- Zeitung zusammengefaltet auf dem Kopf balancieren
- Eine etwa auf A4-Größe gefaltete Zeitung auf die Hand legen und beim Laufen gegen den Luftwiderstand drücken
- Nach schnellem Lauf das auseinandergefaltete Zeitungsblatt loslassen – der Partner fängt

Insellauf. Alle Schüler legen ihr Zeitungsblatt auf den Boden und laufen so im Slalom durch die Halle. Auf Kommando des Lehrers suchen sich alle ein Blatt als *Insel*. Nach und nach werden Blätter eingesammelt und die Schüler müssen sich auf die verbleibenden *Inseln* retten.

Ausklang — 10 Min.

Zeitungszielwurf. Die Schüler zerknüllen ihre Zeitungen zu *Bällen* und werfen sie gruppenweise oder einzeln in verschiedene Ziele: Papierkorb, offener kleiner Kasten, auf dem Kopf stehende Pylonen. Punktewertung ist möglich oder man spielt einfach *just for fun*.

X

7. Stunde

Was Reifen können

Intentionen: Beweglichkeit und Orientierungsfähigkeit schulen

Erwärmung — 7 Min.

Reifentick. Zwei Schüler nehmen einen Reifen in ihre Mitte und versuchen einen anderen Schüler damit zu berühren. Der Betreffende nimmt sich dann einen weiteren Reifen und schließt sich dem Fängerpaar an. Nach dem nächsten Fang gibt es zwei Fängerpaare.
Variante: Nach Berührung mit dem Reifen wird ein Fänger ausgetauscht.

Hauptteil — 25 Min.

Bewegungsaufgaben mit Reifen. Jeder Schüler hat einen Reifen und versucht ihn vor sich her zu rollen. Nach einem Kommando des Lehrers werden die Reifen abgelegt und jeder läuft frei umher, ohne die Reifen zu berühren oder zu überspringen. Nach jeweils einem *Stopp* muss jeder einen Reifen finden und verschiedene Aufgaben erfüllen:

- Umlaufen – Hinein- und Herausspringen
- Im Liegestütz um den Reifen *wandern*
- Durch den Reifen steigen

Insellauf mit Reifen. Die Reifen werden nach und nach weggenommen, sodass sich immer mehr Schüler auf einer *Insel* versammeln müssen. Wenn es vier oder gar fünf sind, bleiben sie als Riege zusammen und stellen sich zur Staffel nebeneinander auf.

Reifenstaffel. Die einzelnen Durchgänge sind:

- Reifen rollen – Reifen tragen
- Reifen auf der Kante balancieren
- Durchspringen oder durch den rollenden Reifen hechten
- Zu zweit oder zu dritt den Reifen tragen und laufen

Einzelübungen mit Reifen. Jeder Schüler versucht:

- Möglichst lange neben dem einmal angeschobenen Reifen her zu laufen
- Den Reifen auf der Stelle zu drehen
- Den Reifen um den eigenen Körper kreisen zu lassen (Hula Hoop)

Ausklang — 13 Min.

Wandernder Reifen. Die Klasse sollte sich zunächst in zwei oder drei Gruppen aufteilen. Jede Gruppe stellt sich im Kreis auf und fasst sich an den Händen. Entlang dem Kreis, also über die Handverbindungen, Köpfe und Körper der Schüler, *wandert* ein Reifen. Jeder im Kreis muss durch den Reifen steigen, ohne die Hände zur Hilfe zu nehmen.
Welcher Kreis schafft es als Erster einmal herum?
Zum Abschluss stellt sich die ganze Klasse im Kreis auf. Um die Spielform etwas intensiver zu gestalten, kann man auch mehrere Reifen verwenden.
Wann holt der blaue den roten Reifen ein?

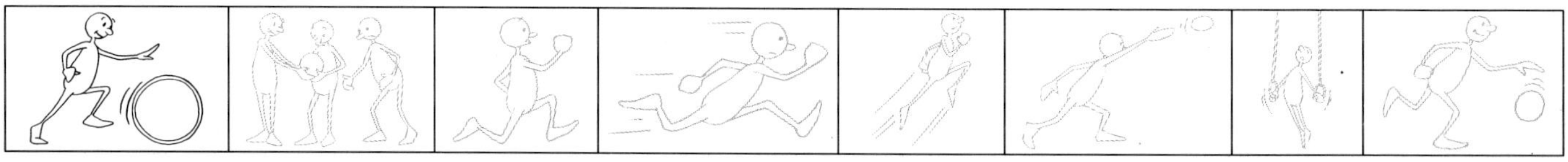

Mit Bänken turnen

Intentionen: Allgemeine Koordination und Gruppenarbeit fördern

Erwärmung 10 Min.

Bänke überwinden. Zunächst werden drei oder vier Bänke mit mindestens je zwei Metern Abstand zueinander aufgestellt. An den Stirnseiten verteilen sich die Schüler gleichmäßig, sodass es Riegen mit etwa sechs Schülern gibt. Die einzelnen Riegen sind nun abwechselnd dafür verantwortlich, eine Form vorzustellen, mit der alle anderen Schüler dann die Bank überwinden sollen. Auf ca. 20 verschiedene Varianten sollten die Schüler leicht kommen: Von Hockwenden über Balancieren bis zu Sprüngen und Krabbeln ist alles möglich.

Hauptteil 20 Min.

Begegnung auf der Bank. Die Bankaufstellung bleibt, doch die Riegen teilen sich noch einmal und postieren sich jeweils an den Enden ihrer Bänke. Je zwei Schüler gehen nun auf der Bank aufeinander zu und versuchen aneinander vorbeizukommen. Anschließend probieren sie es bei umgedrehten Bänken auf der Schmalseite.

Vor der Querseite der Bänke. Alle Schüler verteilen sich nun (in zwei Gruppen hintereinander) vor der Querseite der Bänke. Da die Übungen keinen Wettkampfcharakter haben sollen, spielt es im Übrigen keine Rolle, ob eine rechnerisch genaue Teilung zustande kommt. Die Schüler sollen im Strom folgende Aufgaben erfüllen:

- mit Aufsetzen auf der Bank die Bänke überlaufen / die Bänke überspringen / bei verändertem Bankabstand verschiedene Schrittrhythmen finden / die Bänke überradeln / Hockwenden ausführen

In den Sprossenwänden eingehängte Bänke. Die Anzahl der Riegen bei der folgenden Übung ist abhängig von der Zahl der zur Verfügung stehenden Sprossenwände. Dort wird die Bank so eingehängt, dass man:

- hinaufgeht oder -krabbelt / herunterrutscht (Matten!) / sich bäuchlings mit den Armen hochzieht / sich sitzend aufwärts schiebt usw.

Nummernwettlauf. Die Bänke werden nun sternförmig zueinander gestellt. Die Schüler verteilen sich gleichmäßig und nummerieren sich in ihren neu entstandenen Riegen fortlaufend durch. Alle Schüler, deren Nummer genannt wird, erfüllen dieselbe Aufgabe:

- ein- oder mehrere Male um den Kreis laufen / gehen / im Entengang watscheln / im Seitgalopp hüpfen / rückwärts laufen usw.

Ausklang 15 Min.

König erkennen. Die Variante des *Zweifelderballs* gleicht in der Grundidee dem Spiel *Mr. X* (s. St. 6), bei dem die Schüler durch geschicktes Taktieren einen Unbekannten finden müssen. Hier stehen sich nun zwei Mannschaften gegenüber, die in geheimer Wahl bestimmen, wer ihr *König* sein soll. Dieser darf im Verlaufe des Spiels zwar fangen, aber nicht getroffen werden, sonst hat die betreffende Mannschaft verloren und es können neue Könige bestimmt werden. Alle Mitspieler sind gegen Abwürfe *immun* und können ihren König jederzeit geschickt abschirmen.

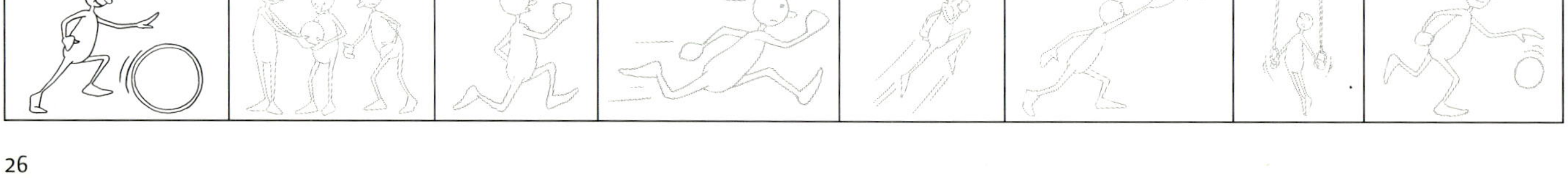

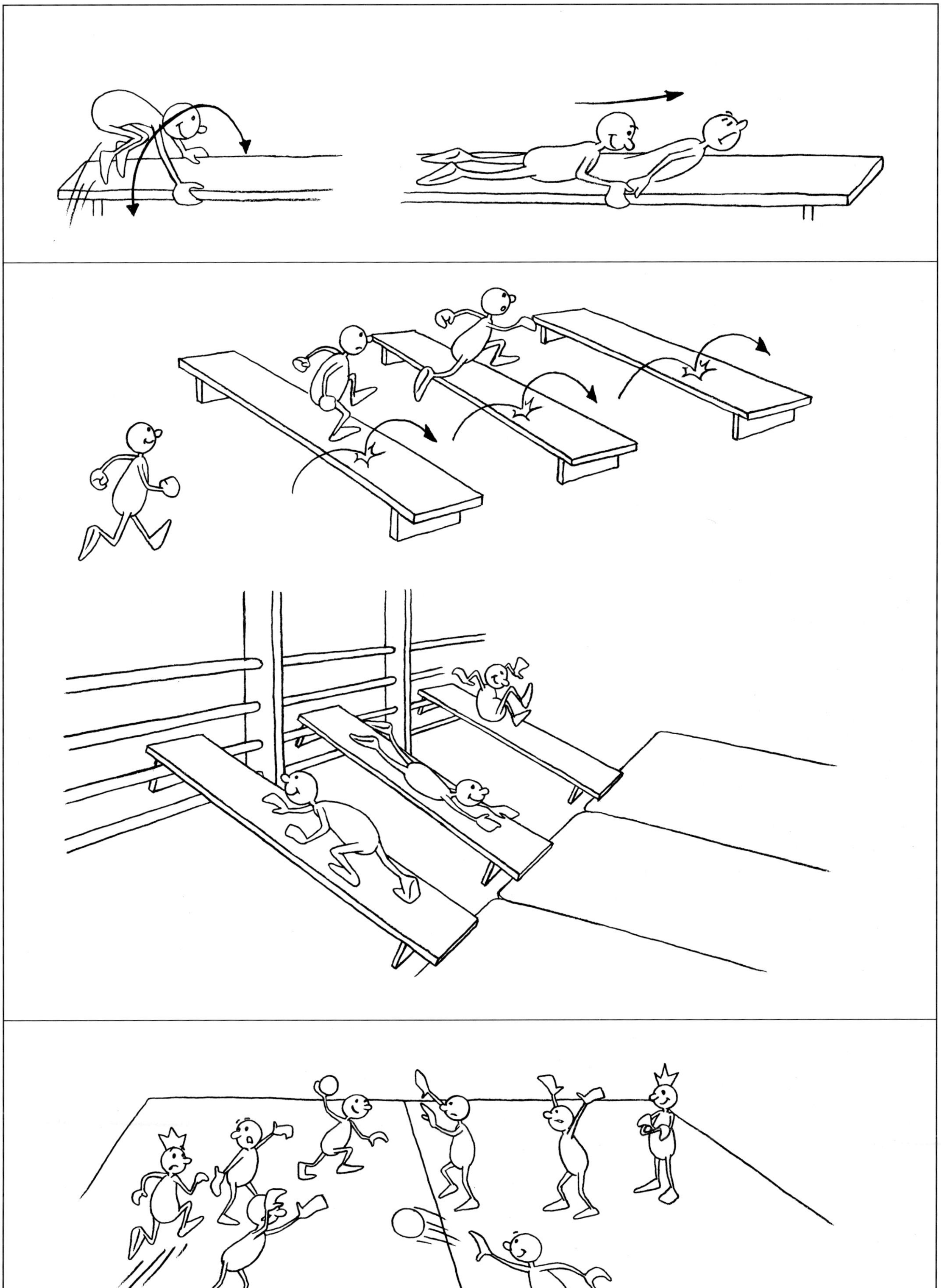

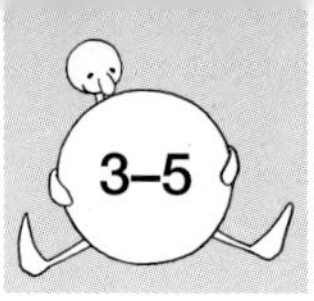

Rollen, Wälzen, Balancieren

Intentionen: Turnerische Grundtätigkeiten und -techniken schulen

Erwärmung — 13 Min.

Über die Mattenbahn. Je nach Gewicht der Bodenmatten und der Klassenstufe transportieren zwei oder vier Schüler eine Matte. Sie werden in der Halle an einer Längsseite zu einer etwa zehn Meter langen Bahn aneinandergelegt.
Darüber sollen die Schüler im Strom und ohne Turnschuhe:

- ▷ langsam und schnell laufen / im Hopslerlauf galoppieren / einen Hopserlauf machen / anfersen (Hacken *trommeln* an das Gesäß) / rückwärtslaufen / Ausfallschritte machen (große Schritte ohne Nachfedern) / wälzen

Hauptteil — 25 Min.

Bodenturn-Aufgaben für Vierergruppen. Auf zwei hintereinander liegenden Matten üben die Gruppen:

- ▷ Wälzen – Arme am Körper und Arme gestreckt
- ▷ Rolle vorwärts – aus dem Grätschstand *(Schaut beim Aufsetzen der Hände weit durch die Beine nach hinten!)*
- ▷ Rolle vorwärts – *Wer schafft auf zwei Matten die meisten Rollen?*
- ▷ Rolle vorwärts – aus dem Hockstand
- ▷ Nackenstand – *Wer kann eine gerade Kerze?*
- ▷ Zappelhandstand – Arme gestreckt aufsetzen und mit den Beinen in der Luft strampeln

Bodenturn-Aufgaben für Dreiergruppen.

- ▷ **Pendeln.** Ein Schüler macht sich steif wie einen Besenstiel und lässt sich vor- und zurückkippen. Die Partner stehen vor und hinter ihm, fangen ihn behutsam auf und stoßen ihn wie ein Pendel zurück.
- ▷ **Umfaller.** Ein Schüler macht sich wiederum steif und lässt sich nach hinten fallen. Die Partner stehen hinter ihm, fangen ihn auf, legen ihn vorsichtig ab und richten ihn auf die gleiche Weise wieder auf.

Ölsardinen-Transport. Die Matten werden wieder wie eingangs zusammengelegt. Alle Schüler legen sich wie *Ölsardinen* eng nebeneinander auf den Bauch. Ein Schüler legt sich quer dazu den anderen auf den Rücken. Die Liegenden beginnen sich nun in dieselbe Richtung zu wälzen und transportieren so das obere Kind.

Eine Variante: Alle Schüler liegen wie eben, jedoch auf dem Rücken, wobei die Beine abwechselnd zu beiden Seiten zeigen. Ein Schüler macht wieder ganz steif und legt sich (evtl. mit Lehrerhilfe) auf die gestreckten Arme der Schüler und wird dann weiter gereicht.

Ausklang — 7 Min.

Königspaar befreien. Vier Matten werden zu einem *Verließ* zusammengelegt und zwei Schüler dürfen als *Königspaar* dort thronen. Vier *Wächter* bewachen sie. Die anderen Schüler versuchen das *Königspaar* zu befreien, indem sie sie an den Händen aus dem *Verließ* und bis zu einem Freimal führen. Gelingt dies, wird ein neues *Königspaar* auserkoren. Werden die Befreier dagegen von den *Wächtern* berührt, müssen sie auch in das *Verließ* und dort auf ihre Befreiung warten.

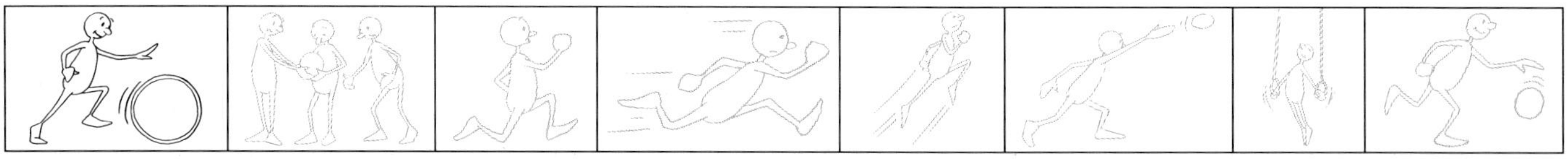

Mit Matten klettern und entdecken

Intentionen: Geschicklichkeit und Kooperationsbereitschaft fördern

Erwärmung 10 Min.

Mattensurfen. Mindestens zwei Mannschaften – also auch zwei Weichbodenmatten – sind für dieses Eröffnungsspiel ratsam. Die Riegen stellen sich dazu nebeneinander an einer Hallenseite hinter den Weichböden auf. Nach dem Start laufen jeweils drei oder vier Schüler los und springen bäuchlings auf ihre Weichböden, sodass diese ins Rutschen/*Surfen* kommen. Nachdem die ersten den Weichboden wieder verlassen haben, laufen die nächsten Schüler an. Der Weichboden rutscht umso weiter, je kräftiger und synchroner die Schüler auf dem Weichboden landen. Gewonnen hat die Mannschaft, deren Weichboden als Erster die andere Hallenwand berührt.

Hauptteil 35 Min.

Zu den ersten Übungen treten die Schüler gleich in den Riegen aus der Erwärmung an.

Über eine Hallenlänge sollen die Mannschaften:
- ▷ Die Matte vorwärts kippen – erst über die Breitseite, dann über die Stirnseite
- ▷ Die Matte an den Schlaufen tragen
- ▷ Bälle oder andere Gegenstände auf der Matte transportieren
- ▷ Schüler als *blinde Passagiere* auf der Matte transportieren
- ▷ Die Matte über Kopf tragen Rüttelmaschine / Domino: Umfallen

Matte – seitkant. Im Folgenden geht es etwas turbulenter zu, sodass der Sportlehrer entscheiden muss, ob er es bei zwei Mannschaften belässt. Zunächst halten sechs Schüler einen seitkant aufgestellten Weichboden fest. An dessen Rückwand stehen nebeneinander vier kleine Kästen. Dahinter und im Anlaufbereich werden zahlreiche Matten ausgelegt. Nun läuft ein Schüler zügig an und springt möglichst hoch gegen den Weichboden, der in dem Moment von den sechs Schülern über die kleinen Kästen in die Sprungrichtung gekippt wird. Der Springer landet mit dem Weichboden und kann dann weiter auf die Matten abrollen.

Darauf müssen die Schüler vorher hingewiesen werden!

Matte – hochkant. Je fünf Schüler halten an den Seiten eine hochkant gestellte Matte in einer etwa 45 Grad-Schräglage. Ein Schüler kann nun den Weichboden hinaufklettern, von oben herunterspringen oder er kann – sich auf dem Weichboden festhaltend – abgesenkt werden.

Niemand springt auf die Matte,
wenn andere sie tragen!

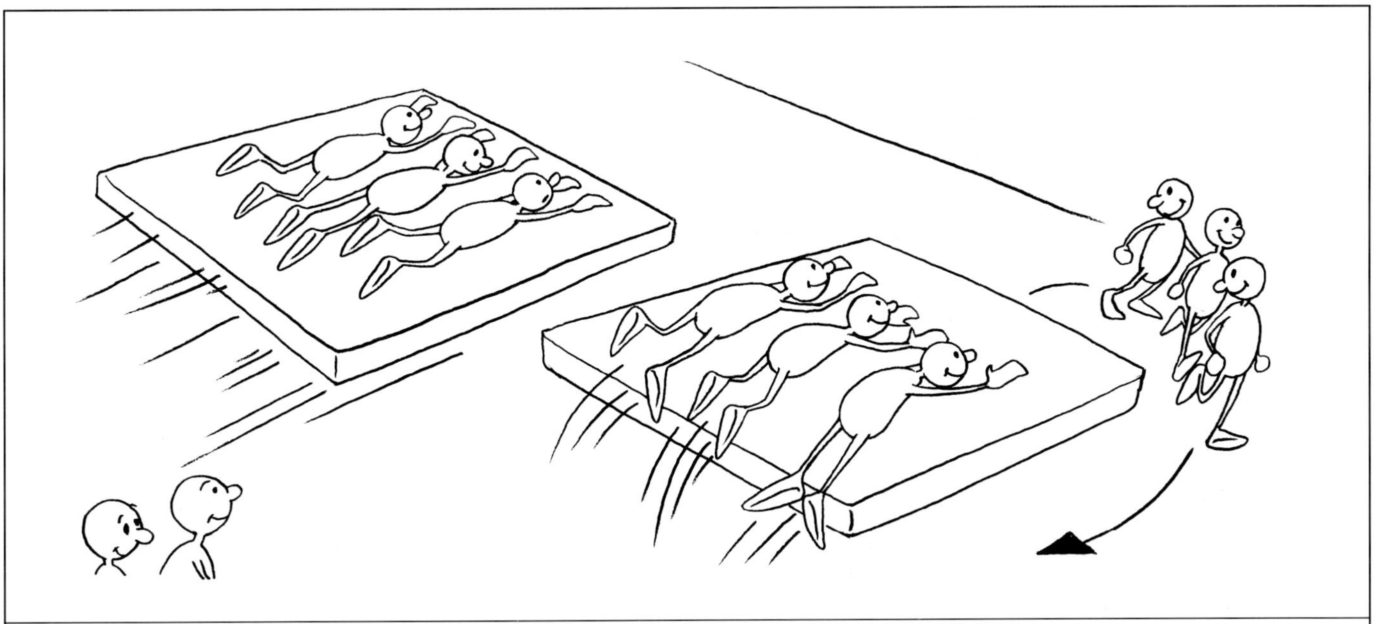

11. Stunde

Ballons schweben

Intentionen: Koordination und Bewegungsfreude fördern

Erwärmung **10 Min.**

Minutenzeck. Mit einer Variante der *Zeithasche* lässt sich der Unterrichtsanfang noch intensiver gestalten. Ein Läufer der Mannschaft A muss einen Spieler der Mannschaft B abschlagen. Dieser verlässt jedoch nicht das Feld, sondern spielt weiter mit. Der Abschlag wird lediglich als Punkt für die Fänger-Mannschaft gezählt, bevor der nächste Läufer an die Reihe kommt. Nach beispielsweise drei Minuten wird gewechselt. Es siegt die Mannschaft, die in dieser Zeit die meisten Punkte geholt hat.

Hauptteil **25 Min.**

Bewegungsaufgaben mit Ballons.

In der 1. und 2. Klasse sollte man die Luftballons vorher aufblasen.

- **Ballon in der Luft halten.** Die Schüler versuchen, den Ballon möglichst lange in der Luft zu halten und dabei am Ort zu bleiben. Stirn, Nase, Ellenbogen, Fingerspitze usw. können und sollen dabei eingesetzt werden. Auch bei kräftigem Pusten bleibt der Luftballon in Schwebe oder wenn man das Hinterteil benutzt.
- **Stupsen.** Als Nächstes muss der Ballon von der einen Hallenseite zur anderen gestupst werden, egal mit welchen Körperteil. Ziel: möglichst viele Berührungen!
- **Zwischen die Knie.** Der Ballon wird zwischen die Knie geklemmt. Die Schüler gehen und hopsen im Schlusssprung.
- **Im Kreis herum.** Alle stoßen ihre Ballons gleichzeitig in die Luft, gehen eine Position weiter und fangen den Ballon des Nachbarn auf.
- **Zuspiel im Sitzen, Stehen, Liegen, Knien.** Zwei Schüler spielen sich einen Ballon zu (die überzähligen werden in einem Kastenteil aufbewahrt). Dabei wechseln sie ihre Positionen: Sitzen, Stehen, Liegen, Knien.
- **In der Klemme.** Zwei Schüler klemmen den Ballon zwischen sich und versuchen Bauch an Bauch und Rücken an Rücken eine bestimmte Strecke zu gehen bzw. sie im Seitgalopp zurückzulegen.
- **Tanzende Ballons.** Es werden je nach Klassengröße drei oder vier Gruppen gebildet, die in einem durch Bänke abgetrennten Feld je einen Ballon in der Luft tanzen lassen müssen, ohne dass er herunterfällt.
- **Eine erschwerende Variante.** Die Berührungen erfolgen jeweils nach vorher festgelegter Reihenfolge. Dazu wird die Gruppe am besten durchnummeriert. Zusatzaufgaben: Jeder Schüler erfüllt nach seiner Berührung eine Aufgabe (Hock-Streck-Sprung, einmal um die eigene Achse drehen usw.).

Ausklang **10 Min.**

Haltet das Feld frei! Die Mannschaften bleiben in dem Parcours und jeder versucht die Ballons aus seinem Feld zu schlagen. Auf ein Zeichen des Lehrers setzen sich alle Schüler. Gewinner ist die Mannschaft, bei der die wenigsten Ballons landen.

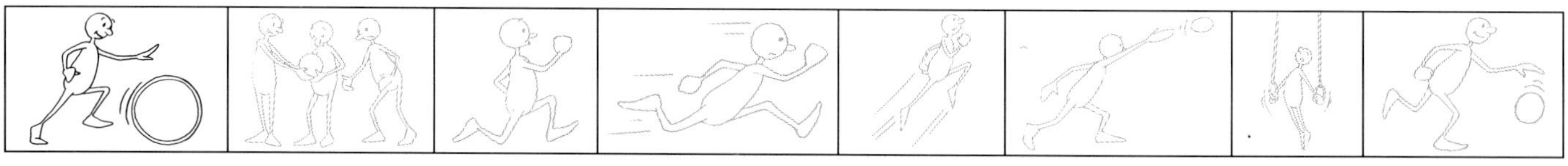

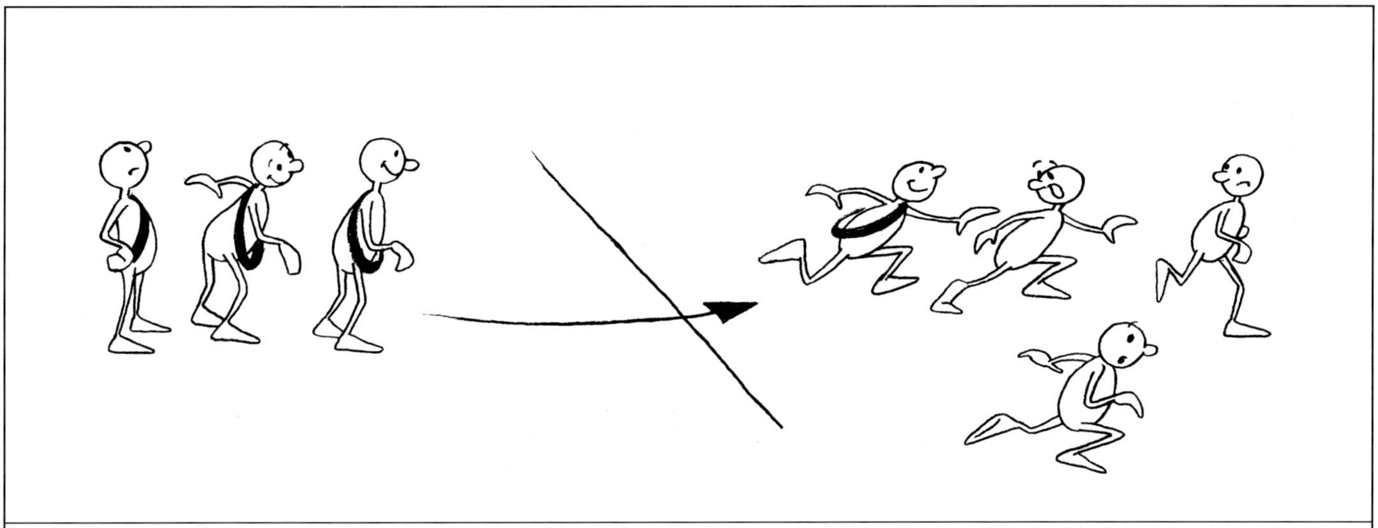

Gemeinsam mit dem Schwungtuch

Intentionen: Spielfreude wecken, Kooperation fördern

Erwärmung — 10 Min.

Klebriges Monster. Bei diesem Spiel (s. a. St. 55) nehmen zwei oder drei Schüler ein Schwungtuch so auf, dass es möglichst weit auseinander gezogen wird. Das so entstehende *Monster* fängt nun die anderen Schüler, indem es sie berührt und ebenfalls zu Teilen des *Monsters* werden lässt. Das Fangen gestaltet sich immer schwieriger, da immer mehr Schüler sich nun einigen müssen, wohin sie mit dem Schwungtuch laufen.

Hauptteil — 25 Min.

Bewegungsaufgaben mit Schwungtüchern.

Sollten zwei Schwungtücher vorhanden sein, empfiehlt es sich, die Klasse auch mal zu teilen und die folgenden Übungen parallel duchführen zu lassen.

Sturm und Gewitter. Die Klasse nimmt das Tuch an den Griffen – bzw. an den Tuchrändern dazwischen – auf. Bevor man sich auf eine gemeinsame Bewegung einigt, sollte jeder Einzelne durch langsame oder schnelle Armbewegung das Tuch zum *Flattern* bringen. Die Geräusche für den *Sturm* oder das *Gewitter* werden durch den Mund und das Getrampel der Füße erzeugt.

Auf Zuruf. Für den weiteren Verlauf ist es sinnvoll, wenn ein Lehrer oder auch die Schüler abwechselnd das Kommando übernehmen für:
- Das gemeinsame Auf und Ab (einschließlich Kniebeuge), sodass sich das Tuch wie ein Pilz aufbläht
- Das wechselnde Auf und Ab, ähnlich der La-O-la-Welle im Stadion
- Das gemeinsame Hüpfen, Auf-der-Stelle-Rennen und Im-Kreis-Laufen

Mit Bällen. Anschließend kommen Bälle ins Spiel, die durch schnelles Straffziehen des Tuches in die Luft fliegen sollen.
- *Schnipst sie bis zur Hallendecke!*
- In das Tuch geworfene Bälle möglichst schnell wieder herauskatapultieren
- Einen Ball vom Tuch in ein bestimmtes Ziel schnipsen
- Den Ball bzw. die Bälle im Tuch kreiseln lassen

Platztausch. Zu dieser sehr beliebten Spielform muss das Schwungtuch von allen mit hochgestreckten Armen über Kopf gehalten werden. Bevor es nach vorher vereinbarter Zeit wieder gesenkt wird, tauschen zwei oder mehr Schüler schnell die Plätze.

Vorsicht, vermeidet Zusammenstöße!

Ausklang — 10 Min.

Zaubertuch. Beim abschließenden Fangspiel bekommt das Schwungtuch eine Zauberfunktion. Wer davon berührt wird, ist von der *Starre* (Auf-dem-Boden-Hocken) erlöst, in die er verfällt, wenn er vom Fänger angeschlagen wird. Zwei Erlöser, die das *Zaubertuch* halten, müssen natürlich auch noch gewählt werden.

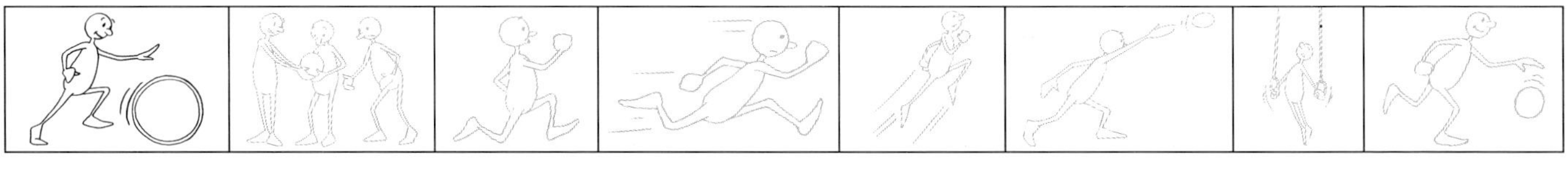

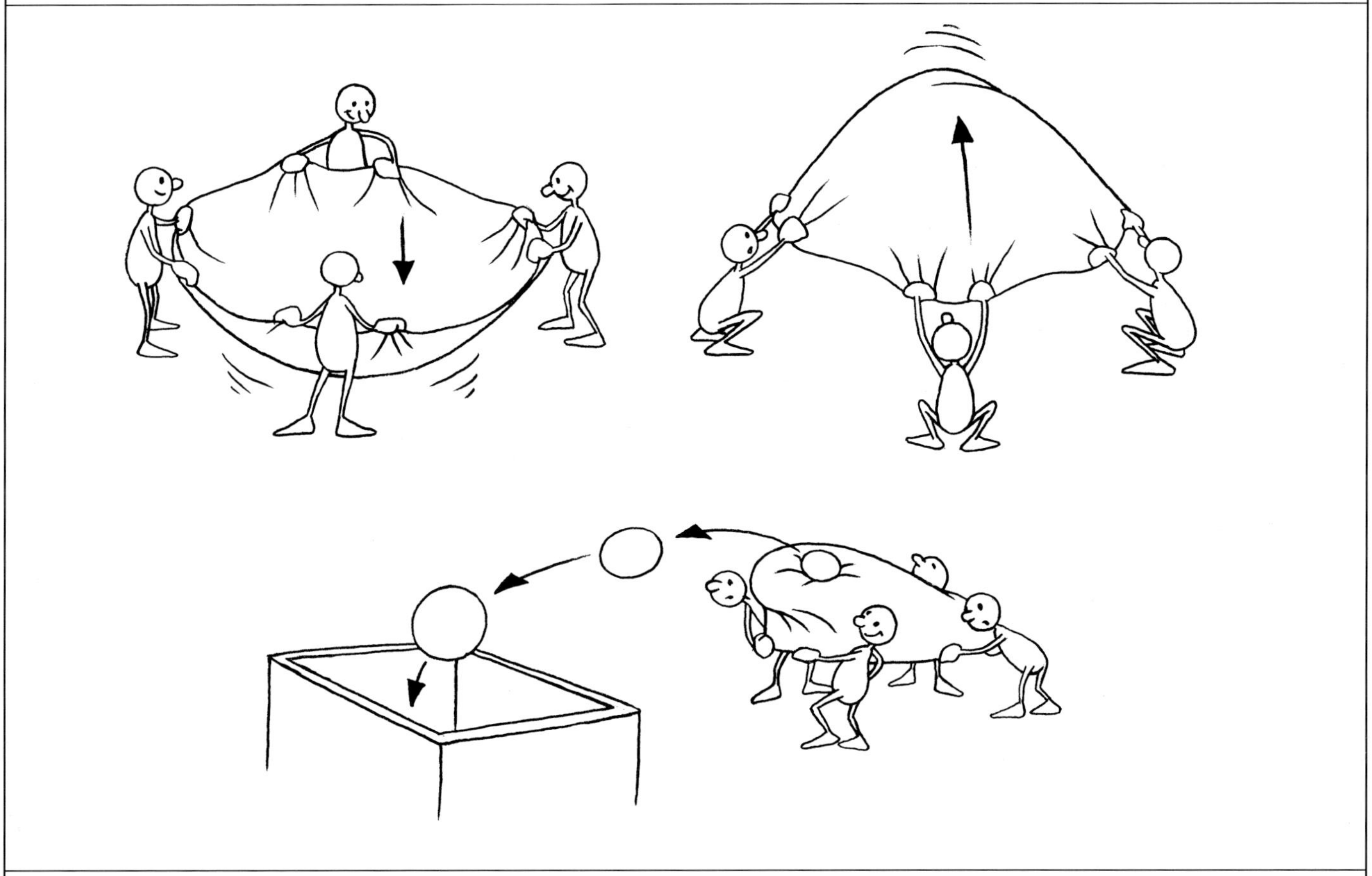

13. Stunde

Mit dem kleinen Tuch

Intentionen: Bewegungserfahrungen sammeln, Kreativität entwickeln

Erwärmung **7 Min.**

Tücherstecken. Ähnlich dem *Klammerkönig* (s. St. 32) kann man kleine Tücher – ca. 40 x 40 cm und strapazierfähig – auch sehr gut bereits in der Aufwärmphase einsetzen. Da sich die Tücher leichter einstecken bzw. greifen lassen, muss darauf geachtet werden, dass kein Schüler *hamstert* und seine neu erlangten Tücher vielleicht festhält oder sich vom Rand des Spielfeldes nicht mehr fortbewegt.

Hauptteil **25 Min.**

Bewegungsangebote mit Tüchern. Jeder Schüler hat ein Tuch und probiert damit verschiedene Bewegungsmöglichkeiten aus. Der rhythmisierende oder auch träumerische und verspielte Effekt einer Musikbegleitung kann hier hilfreich sein. Es gibt zahlreiche Bewegungsformen, die evtl. auch von einzelnen Schülern vorgemacht werden können.

Einzeln.
- ▷ Tuch am Zipfel halten, laufen und flattern lassen
- ▷ Tuch an zwei Zipfeln halten und wie ein Sprungseil benutzen
- ▷ Auf dem Tuch sitzen oder stehen und mit Hilfe der Arme bzw. durch Hüftschwung vorwärts rutschen
- ▷ Siehe auch St. 6 („Zeitungen flattern")

Partnerübungen.
- ▷ Ein Partner wird, auf dem Tuch sitzend, durch die Halle geschoben
- ▷ Ein Partner sitzt auf dem Tuch, der andere umfasst dessen Beine am Fußgelenk und dreht ihn im Kreis herum
- ▷ Tücher zuwerfen
- ▷ Beide Tücher hochwerfen und wechselseitig auffangen

Gruppenübungen bzw. Staffelspiele.
- ▷ Schüler greifen das Tuch mit den Zehen und legen hüpfend eine bestimmte Strecke zurück
- ▷ Laufen und das Tuch nur mit dem Kinn an die Brust drücken und ohne Hilfe der Hände dem Nachfolger übergeben
- ▷ Das Tuch zu zweit nehmen und bestimmte Gegenstände transportieren und übergeben oder beispielsweise in einen kleinen Kasten legen

Ausklang **13 Min.**

Ballspiel mit Schwungtüchern. Für die wieder gemeinsam gestaltete Abschlussphase benötigt man zwei oder drei kleinere Schwungtücher oder auch Wolldecken, die jeweils als Fang- bzw. Wurftuch für einen Ball dienen. Dieser muss zwischen den Gruppen hin- und hergespielt werden. Wenn die Schüler darin sicherer geworden sind, können die Abstände zwischen den Gruppen vergrößert werden. Auch Spielen über ein Seil bzw. Netz oder das Zählen der Zuspiele sind möglich.

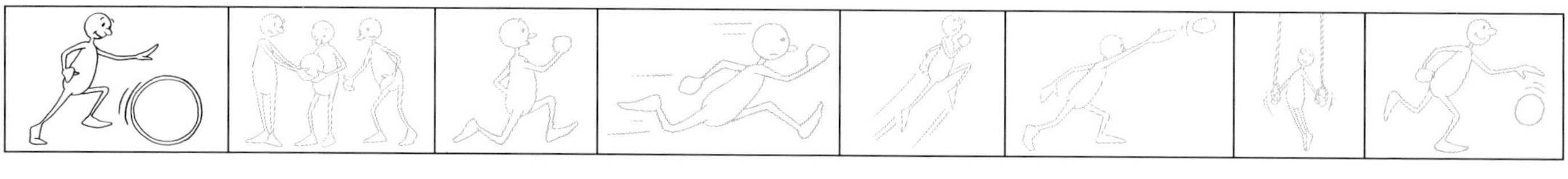

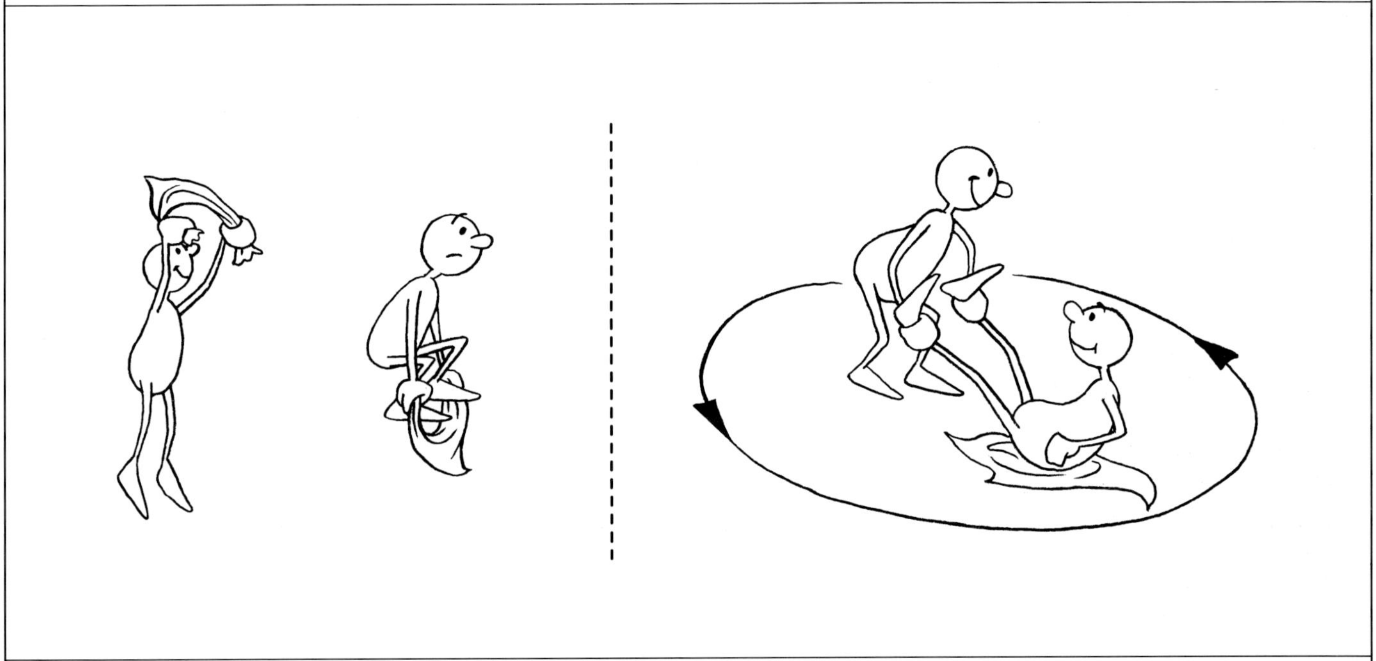

Über Hindernisse

Intentionen: Schulen von Grundtechniken

Vorbereitung und Erwärmung — 10 Min.

Aufbau der Gerätebahn. Beim Aufbau und bei den einzelnen Durchgängen über die nebenstehend skizzierte Gerätebahn sollte Folgendes beachtet werden:
- ▷ Aufbau vorher an einer Tafel skizzieren
- ▷ Mögliche Bewegungsformen mit den Schülern durchsprechen
- ▷ Einteilung der Verantwortlichen für den Geräteaufbau
- ▷ Die Schüler bleiben jeweils bei den von ihnen aufgebauten Geräten und achten darauf, dass niemand vorzeitig daran turnt!
- ▷ Der Sportlehrer überprüft den Geräteaufbau
- ▷ Je nach Klassenstärke, Alter der Schüler und Verhaltenssituation können die Schüler den Parcours alleine, in Zweier- oder in Dreiergruppen überwinden
- ▷ Mindestens drei Durchgänge pro Übungsvariation

Feuer, Wasser, Sturm. Wegen der schon aufgebauten Geräte empfiehlt sich vor den Übungsdurchgängen am Parcours *Feuer, Wasser, Sturm* oder ein anderes vorbereitendes Spiel unter Einbeziehung der Geräte.

Hauptteil — 20 Min.

Geräte-Parcours. Für jedes Gerät bieten sich mehrere Übungsmöglichkeiten an, von denen eine auszuwählen ist:
1. **Kästen:** Herübersteigen-Durchkriechen-Herübersteigen / Seil überspringen / ohne Seil über die Kästen springen
2. **Reifenreihe:** Slalomlauf / im *Häschen hüpf!* durch die Reifenreihe / Sprunglauf durch die Reifenreihe
3. **Bänke:** Balancieren / im Krebsgang über die Bänke / durch die parallel gestellten Bänke durchstützen
4. **Matten:** Je zwei Rollen mit beidbeinigem Absprung / Ausführung frei gestellt / *Schubkarre* über die zusammengeschobenen Matten
5. **Kästen:** Von Kasten zu Kasten springen / Slalomlaufen / über die zusammengeschobenen Kästen laufen
6. **Seilchen:** Seilsprünge / Buchstaben oder Zahlen mit dem Seil legen / Sprünge über das ausgelegte Seil
7. **Bänke:** Hockwenden / Bänke zu einem durchgehenden Laufweg zusammenstellen und balancieren / auf allen Vieren krabbeln
8. **Tau:** Hüpfen über das Tau / Einbeinsprünge entlang dem Tau / im Liegestütz vorwärts stützeln und Beine nachziehen)

Ausklang — 5 Min.

Pirat. Zum Abschluss werden die Geräte unter Verwendung von Turnmatten so zueinander gestellt, dass die Schüler wie auf *Inseln* laufen können. Ein *Pirat* versucht nun, die anderen Schüler abzuschlagen. Es gibt nur noch die Geräte-*Insel*-Landschaft als Ausweichmöglichkeit; der Hallenboden darf nicht mehr betreten werden.

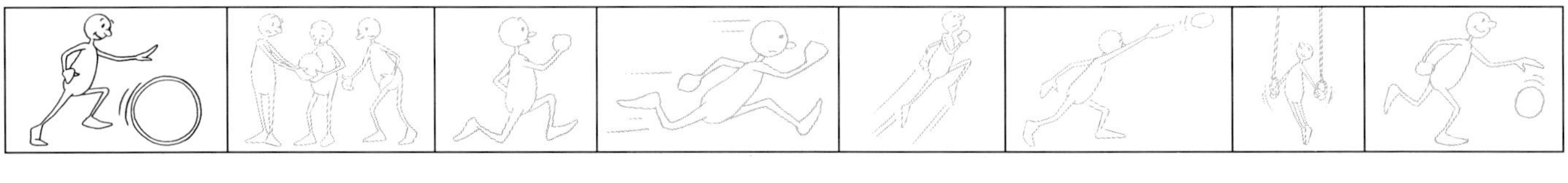

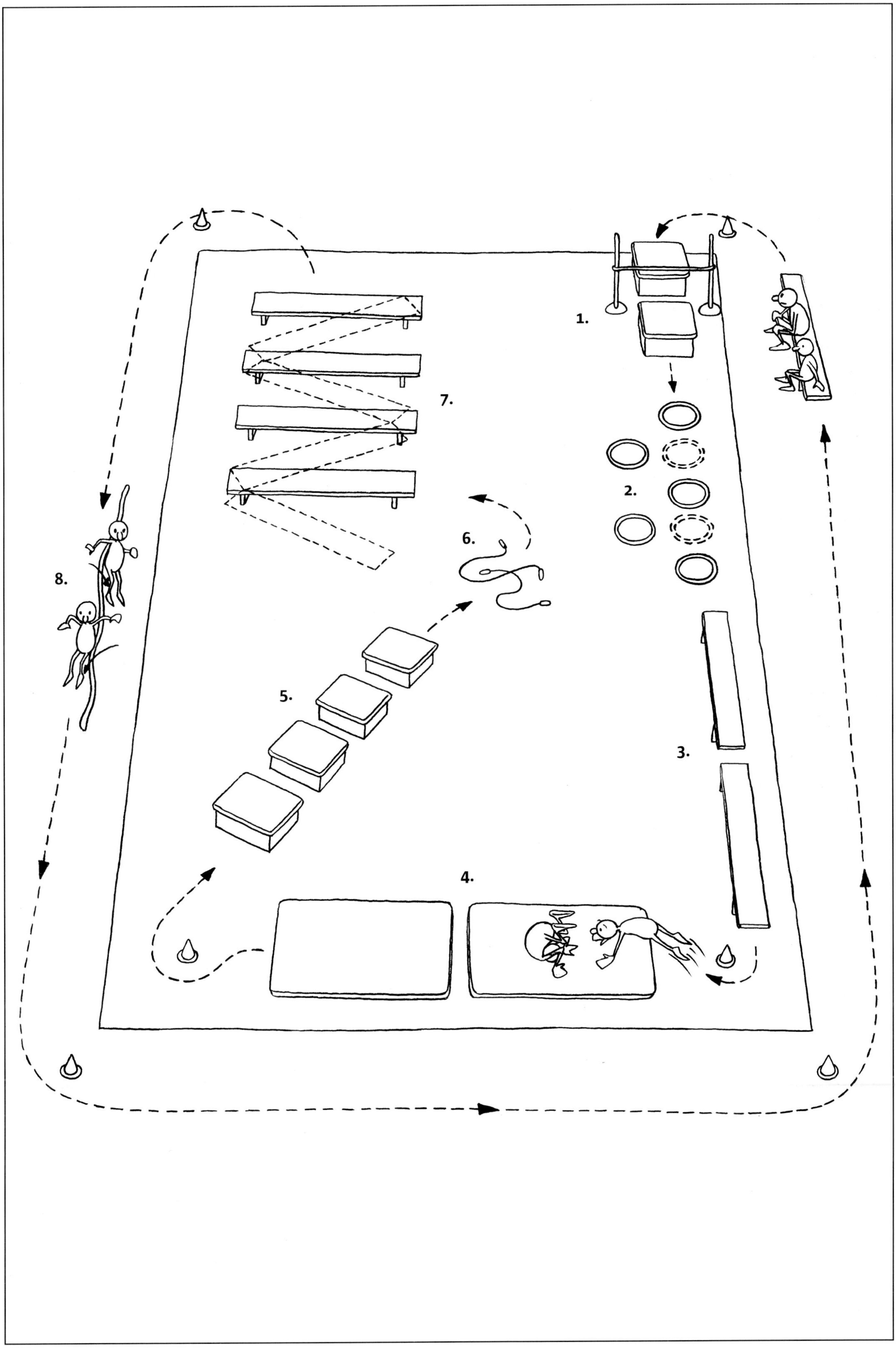
1.
2.
3.
4.
5.
6.
7.
8.

Zirkel zur Kondition

Intentionen: Training physischer Leistungsvoraussetzungen

Erwärmung — 13 Min.

Virus. Mit diesem Spiel ist eine gute Erwärmung für den Zirkel garantiert. Zwei gekennzeichnete Schüler schlagen andere ab (*infizieren sie*), worauf diese sich auf der Stelle hinlegen müssen. Sie können nun von vier anderen Mitspielern erlöst (*geheilt*) werden, indem sie an den Armen und Beinen auf eine große Matte, die *Krankenstation*, gelegt werden. Anschließend sind sie wieder am Spiel beteiligt.

Hauptteil — 25 Min.

Konditionszirkel. Ohne großen Geräteaufwand sollen acht Stationen eines Konditionszirkels in einem Rundgang absolviert werden. Übungszeit ist je nach Leistungsfähigkeit zwischen 30 und 40 Sek., wonach eine ebenso lange Pause erfolgen sollte. Eine Punktwertung empfiehlt sich vor allem dann, wenn die Schüler Wertungskarten führen und man den Zirkel in Abständen wiederholt.

Die Stationen im Einzelnen.

- **Seilspringen:** Pro Seildurchschlag 1 Punkt
- **Hüftheben:** Aus der Rückenlage wird die Hüfte angehoben und ein Ball durchgereicht – 1 Punkt pro Umrundung
- **Hock-Streck-Sprünge:** Über eine Mattenbahn hinweg werden Hock-Streck-Sprünge ausgeführt – jeder Sprung 1 Punkt
- **Klettern:** An der Sprossenwand herauf- und hinunterklettern – 1 Punkt
- **Rumpfaufrichten:** Aus der Rückenlage (Unterschenkel liegen auf einem kleinen Kasten und die Arme an den Oberschenkeln) Rumpf einrollen und ablegen – 1 Punkt
- **Lauf:** Laufen um vier in Reihe aufgestellte Hütchen (ca. 4 m) – jede Runde 1 Punkt
- **Rumpfheben:** Aus der Bauchlage (Arme in Vorhalte) wird ein Medizinball auf eine Bank gehoben und wieder abgelegt – jedes Ablegen 1 Punkt
- **Medizinballstoßen:** Aus ca. drei Metern Entfernung wird beidarmig ein Medizinball kräftig an die Wand gestoßen (Schrittstellung beachten) – jede Wandberührung 1 Punkt

Ausklang — 5–7 Min.

Zitrone. Ein Schüler ist der Fänger und muss eine Geschichte erzählen, in der das Wort *Zitrone* vorkommt. Alle anderen berühren ihn während der Erzählung und dürfen erst weglaufen, wenn das Wort genannt wurde.

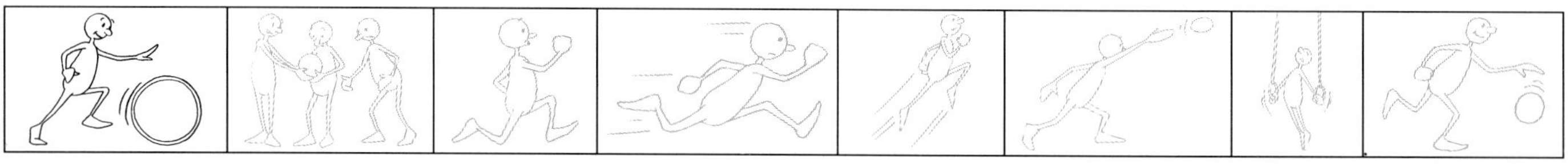

BLA, BLA, BLA ...

16. Stunde

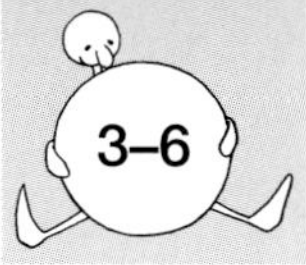

Kämpfen und Vertrauen

Intentionen: Regeln akzeptieren, faires Verhalten fördern

Erwärmung 10 Min.

Zugfahren. Die Klasse bildet Dreiergruppen. Jede Gruppe wird zum *fahrenden* Zug, indem die Hände auf die Schultern des Vordermanns gelegt werden, sodass die *Lok* mit ihren beiden *Wagons losfahren* (laufen) kann. Ein Schüler spielt den *freien Wagon* und muss nun versuchen an irgend einem Zugende *anzukoppeln* (Hände auf die Schultern des letzten *Wagons* legen), was die Züge natürlich durch geschicktes Drehen und Wenden verhindern wollen. Gelingt das *Ankoppeln*, wird die vormalige *Lok* automatisch zum nächsten *freien Wagon*.

Hauptteil 25–30 Min.

Das Alter der Schüler sowie soziale Kompetenz und Stimmung sollten bei dem Stundeninhalt berücksichtigt werden.
Gegebenenfalls sind im vor- oder nachbereitenden Unterrichtsgespräch Erfahrungen und Erkenntnisse zu besprechen.
Jeder Kampf ist freiwillig!

Kampfarena. Ein oder zwei Weichbodenmatten – evtl. mit einem Turnläufer überdeckt – werden zur *Kampfarena*. Wichtig sind die Turnmatten, die längs an alle vier Seiten gelegt werden. Erst außerhalb dieses Mattenringes nehmen die Schüler gut verteilt Platz.

Gekämpft wird nach folgenden **Regeln**, die natürlich auch abgewandelt werden können:
- Grundsätzlich sind die Hände auf dem Rücken verschränkt!
- Erlaubt ist Schubsen ausschließlich mit dem Oberkörper, wobei weniger auf die Wucht des Stoßes als auf geschicktes Fintieren geachtet werden sollte!
- Ein Kampf ist verloren und damit beendet, wenn man den Weichboden verlassen muss oder ihn mit den Knien berührt!
- Ein Kampf kann vom Mattenverantwortlichen (die Funktion übernehmen auch gern Schüler) wegen Regelverstoßes abgebrochen oder für unentschieden erklärt werden, wenn ein bestimmtes Zeitlimit ohne Entscheidung verstrichen ist!

Es bieten sich erfahrungsgemäß schnell die ersten Paare an, die meist schon von sich aus auf etwa ähnliche körperliche Voraussetzungen achten. Nach kurzem Zögern finden auch die Unentschlossenen und vor allem auch die überwiegende Anzahl der Mädchen Gefallen an diesem Wettstreit, sodass oft die Stunde nicht ausreicht, um alle Wunschkämpfe zu berücksichtigen.

Ausklang 5–10 Min.

Erfahrungsaustausch und Abschlussspiel. Ist die Stunde harmonisch verlaufen, sollte sie mit einem kurzen Erfahrungsaustausch ausklingen. Gab es Probleme oder musste gar frühzeitig abgebrochen werden, ist ein ausgleichendes Abschlussspiel ohne Wettbewerbscharakter ratsam. Zu empfehlen sind einfache Bewegungsspiele wie *Würfel dich frei!*, *Brückenwächter* oder *Brückenzeck*.

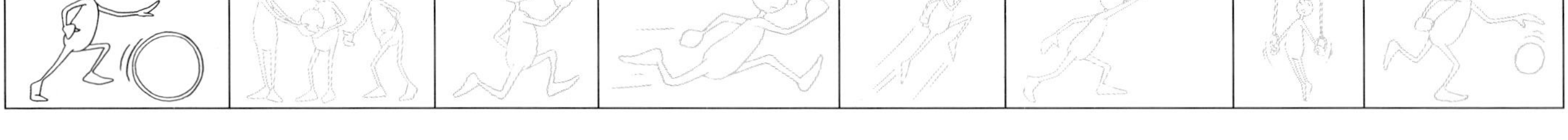

Haltung bewahren

Intentionen: Lockern, Dehnen, Kräftigen

Erwärmung 8–10 Min.

Stop and go zum Lockern und Dehnen. Die Schüler laufen nach Musik oder Tamburinbegleitung frei umher, ohne andere zu behindern. Jeweils nach einem *Stopp* sind kurze Aufgaben zu erfüllen:

Einzeln. *Fahrrad fahren* in der Rückenlage / *Häschen hüpf!* im Kreis / Standwaage / Hock-Streck-Sprünge / Strecksitz / Bauch- und Rückenlage einnehmen / *Hampelmann*

Paarweise. Handfassung mit dem Partner und gemeinsames Hinsetzen und Aufstehen / miteinander Bockspringen

Hauptteil 25 Min.

Bewegungsaufgaben zu zweit für gute Haltung. Für die folgenden Übungen können die Paare aus der Erwärmungsphase direkt zusammenbleiben.

Voraussetzung: Körpergewicht und Größe stimmen in etwa überein.

- ▷ **Rumpfbeugen:** Die Partner sitzen sich im Streckgrätschsitz gegenüber, fassen sich an den Händen und wippen nun nach vorn und hinten.
- ▷ **Überziehen:** Die Partner sitzen Rücken an Rücken und fassen sich über dem Kopf an den Händen. Nun beugen sie sich wechselseitig nach vorn und ziehen sich dabei den Partner – *bedacht* – über den Rücken.
- ▷ **Schulterwippe:** Die Partner stehen sich gegenüber und legen sich die Hände auf die Schultern. Nun beugen sie die Oberkörper nach vorne und wippen nach unten.
- ▷ **Tandem:** Beide Partner liegen sich in Rückenlage gegenüber, sodass sich die Fußsohlen in der Luft berühren. Anschließend wird gemeinsam *Fahrrad gefahren*.
- ▷ **Einbeinstand:** Die Partner stehen sich gegenüber, fassen sich an den Händen. Partner A geht auf einem Bein in die Hocke und steht wieder auf. B kann evtl. nachhelfen. Wechsel.
- ▷ **Balance/Körperspannung:** Die Partner stehen Rücken an Rücken und begeben sich so in die Hocke bzw. stehen wieder auf.
- ▷ **Schubkarre:** Partner A begibt sich in den Liegestütz, Partner B fasst über Kniehöhe an dessen Beine. A versucht, auf beiden Händen einmal im Kreis zu laufen.

Ausklang 10 Min.

Tintenfisch. „Eins-zwei-drei Tintenfisch!" Dies rufen alle Schüler, bevor sie versuchen, auf die andere Hallenseite zu gelangen. Ein Schüler will sie daran hindern, indem er sie abschlägt. Alle so getroffenen Schüler setzen sich auf der Stelle hin. Sie werden zu *Tintenfischen* und helfen nun ihrerseits, vorbeilaufende Schüler – aus der Sitzposition – zu berühren. Das Spiel endet, wenn alle Schüler zu *Tintenfischen* geworden sind.

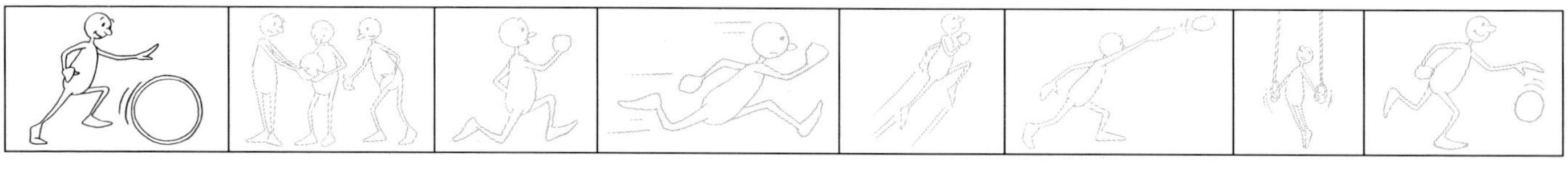

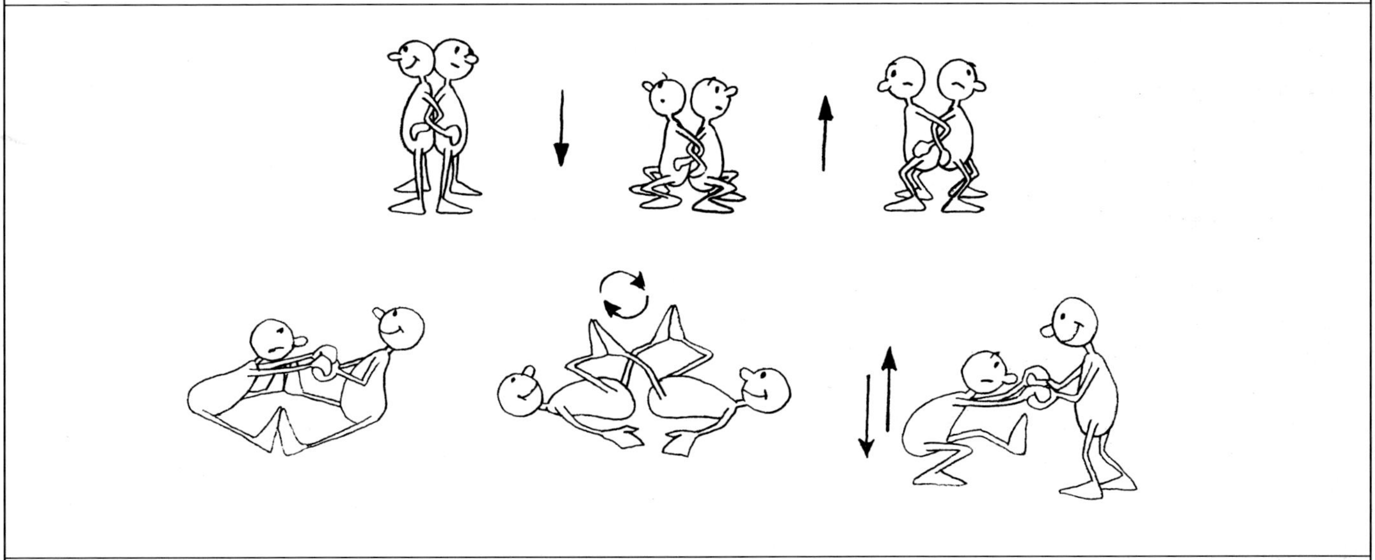

18. Stunde

Wir sehen nichts

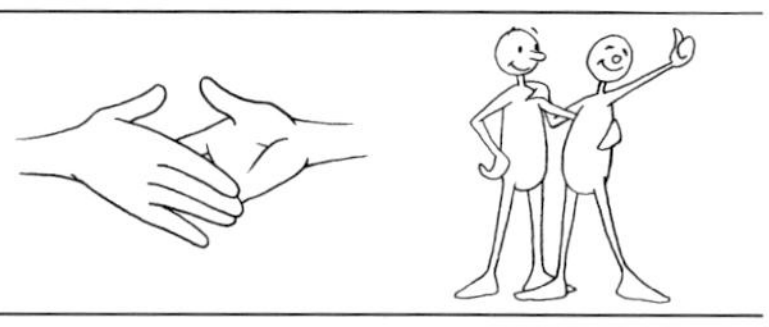

Intentionen: Vertrauen schaffen, Orientierungsfähigkeit fördern

Erwärmung — **8 Min.**

Roboterspiel. Da diese Stunde keiner besonderen Erwärmung bedarf, dient die erste Phase in erster Linie dazu, die Schüler an das *Blindsein* zu gewöhnen. Dabei hilft das *Roboterspiel*, zu dem sich Schülerpaare bilden und in der ganzen Halle verteilen. Jeweils ein Schüler schließt die Augen und muss vom Partner mit vorher vereinbarten Kommandos über eine bestimmte Strecke geführt werden. Dann wird gewechselt.

Oberstes Gebot: *Sicherheit des Roboters steht an erster Stelle!*

Hauptteil — **30 Min.**

Mit verbundenen Augen durch eine Hindernislandschaft. Es wird von den Schülern unter der Leitung des Sportlehrers eine Hindernislandschaft errichtet, die von jedem Einzelnen mit verbundenen Augen durchlaufen werden muss. Ein durch alle Stationen führendes Tau oder Seil dient als Orientierung.

Je nach Schwierigkeit sowie Alter der Schüler muss eingeschätzt werden, ob jeweils ein zweiter Schüler als helfende Begleitung mitgeht!

Den Schülern muss deutlich gemacht werden, dass der Parcours nicht zu kompliziert ausfallen darf, um Verletzungsgefahren auf jeden Fall auszuschließen. Also vor allem kleine und große Matten, kleine Kästen, Kastenoberteile und ähnliches verwenden und auf erhöhte Hindernisse verzichten, sofern sie nicht sicher überstiegen werden können.

Eine andere Möglichkeit (und die bietet sich bei dem Aufwand an) ist, die Landschaft gemeinsam mit Kollegen vorher aufzubauen und für ein oder zwei Tage stehen zu lassen. Dann kommen mehrere Klassen in den Genuss und man kann von Fall zu Fall entscheiden, ob die Schüler zuvor einen Rundgang machen oder ob sie den Parcours völlig unvorbereitet bewältigen können.

Eine helfende Hand sollte allerdings immer dabei sein, sei es durch verbale Anzeigen oder Warnungen (*Vorsicht! – Jetzt einen großen Schritt!*) oder durch wirkliches An-die-Hand-Nehmen.

Ausklang — **7 Min.**

Erfahrungsaustausch. Sinnvoll ist es immer, den Schülern in einem Unterrichtsgespräch zu ermöglichen, sich zu ihren Bewegungserfahrungen und vielleicht auch Ängsten äußern zu können.

Blindenlauf. Bei diesem Spiel läuft, geht oder trabt jeweils ein Schüler mit verbundenen Augen durch eine Gasse, die von der Klasse gebildet wird (zwei Schülerreihen stehen sich mit etwa 4 Metern Abstand gegenüber). Vom Gassenende kommt jeweils ein Rufzeichen, sodass sich der *Blinde* orientieren kann.

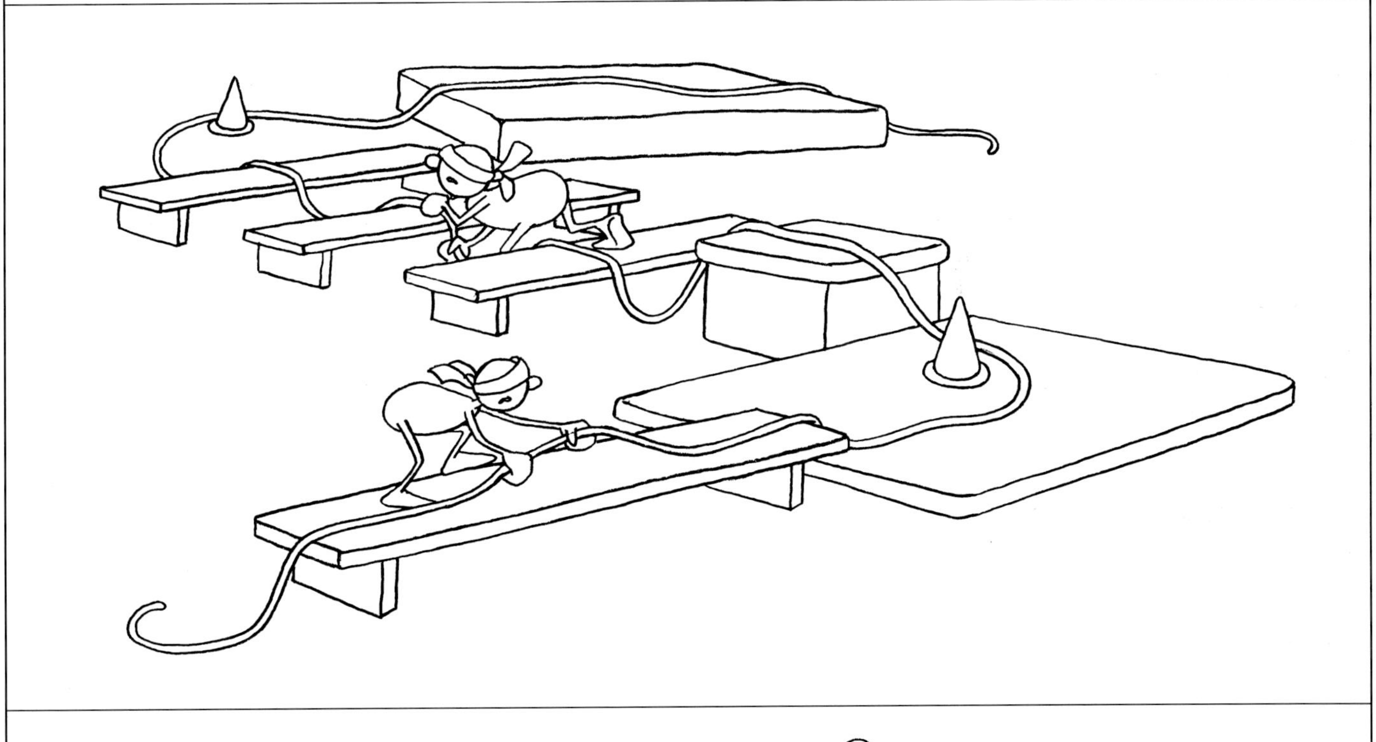

19. Stunde

Balance finden

Intentionen: Koordinations- und Gleichgewichtsfähigkeit fördern

Erwärmung — 10 Min.

Balance-Stop-and-go. Die Schüler laufen nach Musik oder leiser Tamburinbegleitung frei umher. Nach dem jeweiligen *Stopp* erfüllen sie folgende Aufgaben:
- ▷ In einer wackligen Pose erstarren
- ▷ Auf einem Bein hüpfen
- ▷ Auf Linien laufen
- ▷ Mit einem Bein die Form einer Acht beschreiben, auch mal mit geschlossenen Augen und auf der Brust verschränkten Armen
- ▷ Sich in die Standwaage begeben (auch zu zweit, indem sich die Partner gegenüberstehen und an den Händen halten)

Hauptteil — 20 Min.

Balance-Übungen zu zweit.
- ▷ Rücken an Rücken stehen und dann gemeinsam hinhocken und wieder aufstehen
- ▷ Auf einem Bein stehen, Hände auf der Brust verschränken und sich gegenseitig anrempeln, bis einer sein zweites Bein auf den Boden stellen muss
- ▷ Im Schwebesitz gegenübersitzen, Hände vor der Brust verschränkt und durch Stöße der Fußsohlen den anderen aus dem Gleichgewicht bringen, sodass er sich abstützen muss

Balance-Übungen mit Bänken. Anspruchsvoller wird es dann mit Bänken, die – je nach Aufbau (Turnbank normal / Bank mit der Schmalseite nach oben / Bank erhöht auf zwei kleinen Kästen) – unterschiedliche Schwierigkeitsgrade haben. Folgende Aufgaben sollen der Reihe nach – mit steigendem Schwierigkeitsgrad – gelöst werden:
- ▷ Auf allen Vieren hinüberklettern
- ▷ Die *Brücke* überwinden ohne sie mit den Füßen zu berühren
- ▷ Auf einem Bein über die *Brücke* hüpfen
- ▷ Über die Bank laufen und in der Mitte der Bank eine Drehung auf einem Bein machen
- ▷ Mit geschlossenen Augen – an der Hand geführt – über die Bank gehen
- ▷ Umsetzen von Markierungshütchen von der einen zur anderen Seite, während man auf einem Bein steht
- ▷ Beim Hinübergehen einen Ball auf dem Handrücken balancieren
  (und andere Gegenstände transportieren bzw. balancieren)

Die Schüler haben bestimmt weitere Ideen!

Ausklang — 15 Min.

Erdbeben. Die Schüler versammeln sich um einen auf Medizinbällen gelagerten Weichboden. Alle ziehen, schieben und rütteln daran, sodass der Schüler auf der Matte seine Schwierigkeiten hat, sich auf den Beinen zu halten.

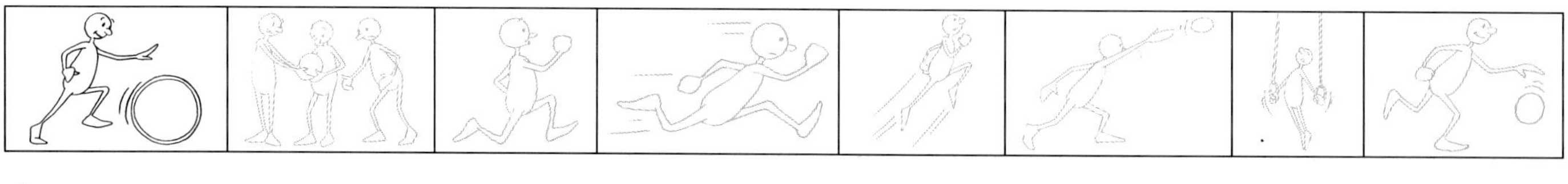

Kleine Staffeln mit Bällen

Intentionen: Beweglichkeit und Koordination schulen

Sehr geringe Kreislaufbelastung

Erwärmung — 7 Min.

Reifendurchsteigen. Je nach Größe der Klasse können bis zu vier Kreise gebildet werden, die durch Handfassung geschlossen werden. Jeder Kreis lässt nun möglichst schnell einen Reifen durch die eigenen Reihen *wandern*, indem jeder einzelne Schüler durch den Reifen steigt ohne die Hände von seinen Nachbarn zu lösen.

Hauptteil — 25 Min.

Reifen-Staffeln. Die vier Riegen aus der Einleitung stellen sich nebeneinander auf und nehmen ihren Reifen gleich mit. Dieser wird im ersten Wettbewerb vom jeweils ersten bis zum letzten Schüler und wieder zurück weitergereicht, indem jeder abwechselnd von unten bzw. oben durch den Reifen steigt.
Im nächsten Durchgang rollt der Reifen ein- oder mehrere Male um die Gruppe.

Ball-Staffeln. Mit verschieden großen Bällen gibt es folgende Möglichkeiten:
- Ein Schüler steht seiner Mannschaft (Aufstellung hintereinander) nur wenige Meter gegenüber und wirft seinen Mitspielern den Ball zu. Diese müssen den Ball fangen, zurückspielen und sich hinsetzen. Es sollen verschiedene Wurfarten ausprobiert werden.

Die Riegen stehen am Ort und der Ball wird weitergegeben:
- Über Kopf
- Durch die gegrätschten Beine
- Links wie rechts an der Seite vorbei
- In Schlangenlinie um die Schüler herum
- Im Sitzen durch die gehobenen Beine hindurch
- Im Liegestütz unten durchgerollt

Bei all diesen – vielleicht auch von Schülern vorgeschlagenen – Formen, kann der Ball den gleichen Weg zurück nehmen, oder es stellt sich der Riegenletzte wieder vorn an.

Kurzstreckenstaffeln mit Bällen. Über 7–10 m mit Pylone als Wendepunkt gehen die nächsten Staffeln, wobei jeweils zwei Schüler unterwegs sind.
- Zwei Partner klemmen den Ball zwischen sich – Rücken an Rücken, Bauch an Bauch, Kopf an Kopf
- Sie versuchen so viele Bälle wie möglich zu transportieren

Ausklang — 13 Min.

Gordischer Knoten. Der *Gordische Knoten* kann besser gelöst werden, wenn sich mehrere einzelne Gruppen daran versuchen. Sechs bis acht Schüler gehen ganz dicht zusammen und heben die Arme. Dann schließen sie die Augen und ergreifen andere Hände. Nach dem Öffnen der Augen müssen sie sich wieder „entheddern“ ohne die anderen Hände loszulassen.

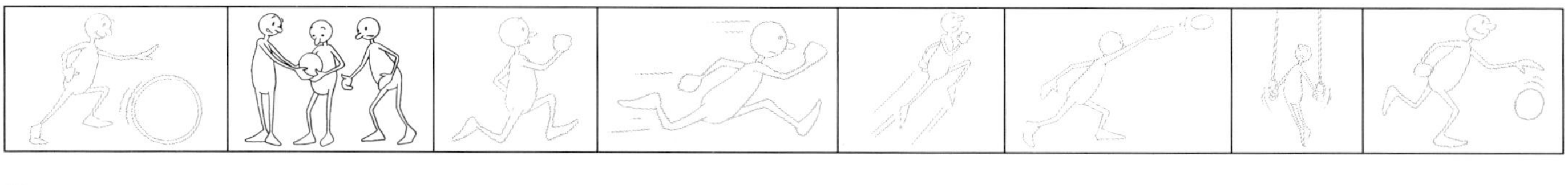

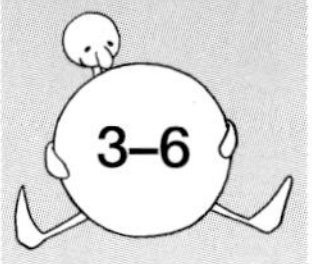

Spielstationen

Intentionen: Kooperatives Handeln fördern

Zirkel mit Pfiff und Punkten — 45 Min.

Diese Unterrichtsstunde kann als lustiger Wettbewerb für zwischendurch oder auch anlässlich eines Schulfestes eingesetzt werden, bei dem dann auch Klasse gegen Klasse antreten könnte.
Obwohl der Aufwand relativ gering ist, wäre auch hier eine Mehrfachnutzung durch andere Klassen sinnvoll. Die Stationen des Rundganges werden wie ein Kreisbetrieb nacheinander durchlaufen. Pro Station ist fünf Minuten Zeit, danach erfolgt der Wechsel (etwa 60 bis 90 Sek.), in dem auch die erreichten Punkte der Gruppe zusammengerechnet und eingetragen werden (formloses Blatt genügt). Andernfalls kann auch nach jeder Station dem Lehrer die erreichte Punktzahl gemeldet werden, der sie dann für alle sichtbar auf eine Tafel überträgt.

Für alle Stationen gilt: Bis zum nächsten **Wechsel nach 5 Minuten** kommt jeder fortlaufend an die Reihe!

Die sechs Stationen, ihre Beschreibung und Wertung:

1. **Reifen drehen:** Reifen drehen lassen und gleichzeitig Ball dribbeln. Solange sich der Reifen dreht, kann gedribbelt werden. Pro Dribbler 1 Punkt.

2. **Balancieren mit Schwips:** Nachdem man zehn Umdrehungen um einen Stab gemacht hat (Besenstiel o. Ä. auf einer Matte), muss man auf einem sechs Meter langen Markierungsband geradeaus gehen. Für jede Bandberührung erhält man 2 Punkte.

3. **Hosentausch:** Eine übergroße Hose wird reihum an- und ausgezogen. Pro Hosenwechsel fünf Punkte.

4. **Fährmann:** Auf einer Fliese stehend muss man sich über eine bestimmte Strecke (Markierungsband) an einem Tau entlangziehen, das beispielsweise an einer Sprossenwand befestigt ist. Pro *Überquerung* gibt es 5 Punkte.

5. **Reifendurchsteigen:** Die Gruppe steht im Kreis. Ohne die Handfassung zu lösen, steigt jeder reihum durch den Reifen (s. St. 20). Pro „Durchstieg" gibt es 2 Punkte.

6. **Dunkle Gasse:** Jeder versucht, mit verbundenen Augen eine winklige Gasse (Markierungsband) entlang zu gehen, wobei Mitschüler durch Zuruf helfen. Jeder Durchgang ergibt 5 Punkte.

Zwei weitere Stationen sollen hier extra genannt sein, die entweder alternativ oder zusätzlich als siebte und achte Station angeboten werden. In diesem Fall ist die Übungszeit auf höchstens **4 Min.** zu beschränken, wenn der Wettbewerb in eine Schulstunde passen soll.

7. **Schießbude:** Eine Turnbank steht voller Pylonen, die die Schüler aus 8 m Entfernung mittels eines Schaumstoffballs herunterwerfen sollen. Wenn die Bank schon innerhalb der Übungszeit „leergeräumt" wird, kommen neue Pylonen auf die Bank. 2 Punkte für einen erfolgreichen Schuss.

8. **Balltransport:** Ein Ball muss jeweils von A nach B (max. 10 m) gebracht werden, indem zwei Schüler ihn zwischen sich klemmen (Bauch an Bauch). Für jeden auf diese Weise transportierten Ball gibt es 2 Punkte.

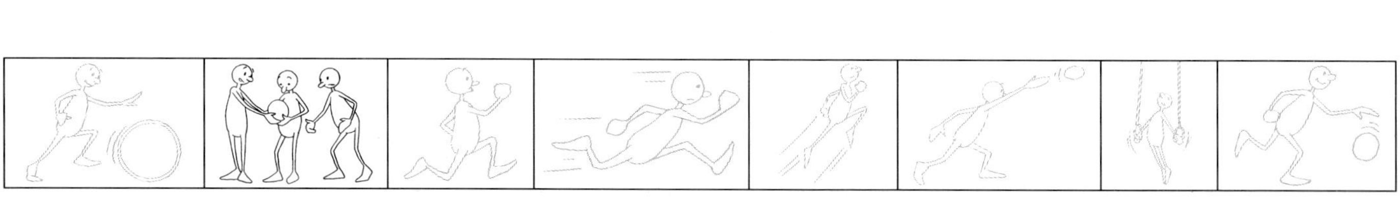

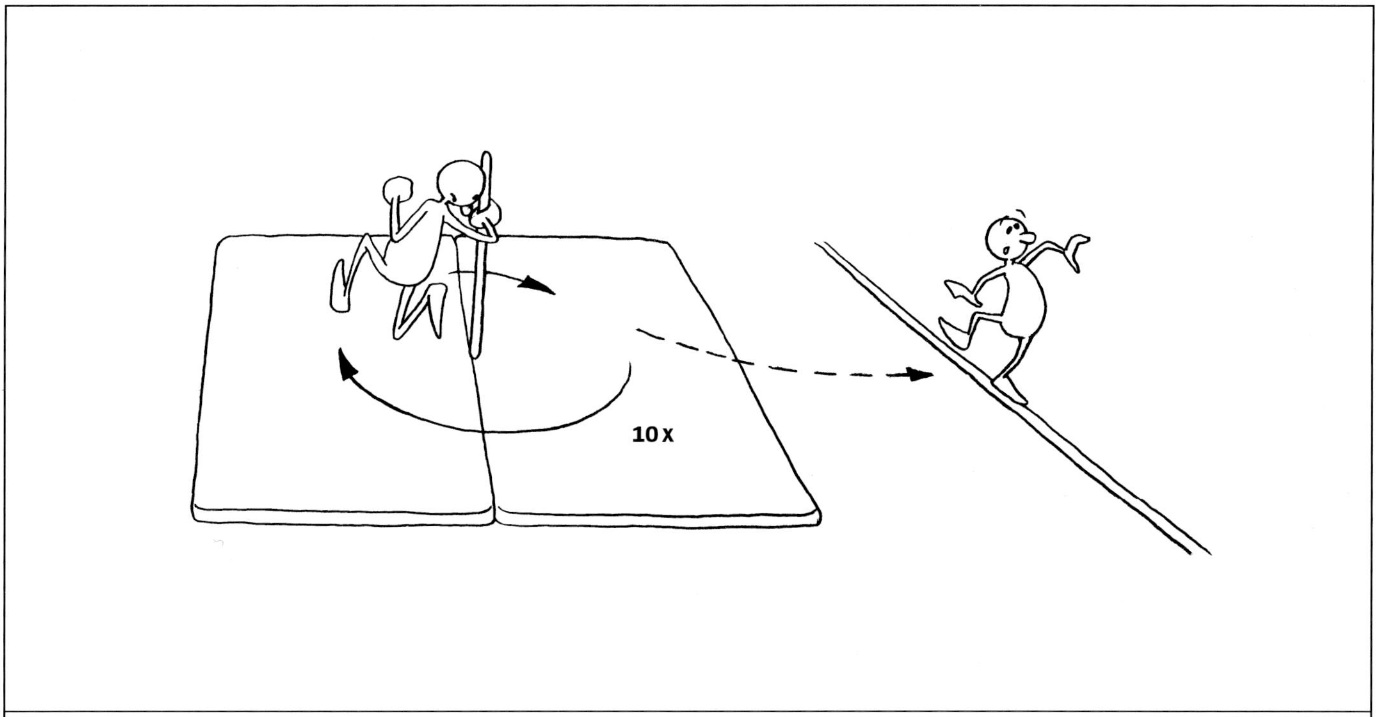
10 x

Völkerball mit Variationen

Intentionen: Kooperatives Handeln sowie Werfen und Fangen schulen

Erwärmung 7 Min.

Wer ist der Fänger? Alle Schüler setzen sich in der Halle verteilt auf den Boden und schließen die Augen. Der Lehrer tippt dem späteren Fänger (auch mehreren) auf den Kopf und eröffnet das Spiel mit: *Wer ist der Fänger?* Nach einer kurzen Orientierung laufen dann alle vor dem „richtigen" Fänger weg.
Bei Variante A versucht der Fänger in einer vorgegebenen Zeit möglichst viele Fänge zu machen (abgeschlagener Schüler bleibt stehen).
Bei Variante B können die abgeschlagenen Schüler erlöst werden.

Hauptteil 30 Min.

Völkerball-Varianten. Ausgehend von der Grundidee des *Völkerballspiels* sollen hier drei Varianten vorgestellt werden, die die Bewegungsintensität erhöhen und abwechslungsreich sind.

1. **Völkerball verkehrt:** Die zwei Mannschaften stehen sich zunächst nicht in den Feldern gegenüber, sondern stellen sich zu Beginn an den Begrenzungslinien der zwei Spielhälften auf. Im jeweils anderen Feld befindet sich nur der *Strohmann*. Nun müssen beide Mannschaften mit einem Schaumstoffball von ihren drei Außenseiten aus versuchen, anfangs nur den gegnerischen *Strohmann* zu treffen. Gelingt das, kann der betreffende Spieler in sein Feld und wird *unverwundbar*, d. h. er braucht das Feld bei einem Treffer nicht mehr zu verlassen. Er dient lediglich der anderen Mannschaft dazu, bei einem Treffer einen Spieler in ihr Feld zu schicken. Fangen ist erlaubt und erwünscht. Gewonnen hat die Mannschaft, welche als Erste alle ihre Spieler im Feld hat.

2. **Bewegliche Mauer:** Die Spieler jeder Mannschaft können sich vor einem Abwurf in Sicherheit bringen, indem sie sich hinter einer Weichbodenmatte verstecken. Sie wird in der Mitte jedes Feldes seitkant aufgestellt und muss von den Spielern aufrecht gehalten werden. Fällt sie um, hat die gegnerische Mannschaft gewonnen und das Spiel kann von vorne beginnen. Die abgeworfenen Schüler können sich von allen drei gegenüberliegenden Außenseiten her erlösen.

3. **Spielerwechsel:** Wird ein Spieler getroffen, muss er zur anderen Seite wechseln. Er verlässt das Feld und betritt die gegnerische Seite von der hinteren Begrenzungslinie. Er darf nicht mehr werfen und muss sich in einem abgegrenzten Bereich aufhalten. Alle auf diese Weise *eingesperrten* Spieler können zurück in ihr Feld, wenn es ihnen gelingt, einen von ihrer Mannschaft zugespielten Ball zu fangen. Der Ball wird gleich mitgenommen. Der *Strohmann* erübrigt sich bei dieser Variante.

Ausklang 8 Min.

Zuwurf nach Nummern. Der Lehrer weist jedem eine Nummer zu. Während die Klasse nun im Trab läuft, müssen sich die Schüler – der Reihenfolge ihrer Nummer nach – einen Ball zuspielen. Nach der letzten Nummer kommt wieder die erste an die Reihe.
Frage: *Schafft ihr es, euch dreimal hintereinander den Ball zuzuspielen, ohne dass er herunterfällt?*

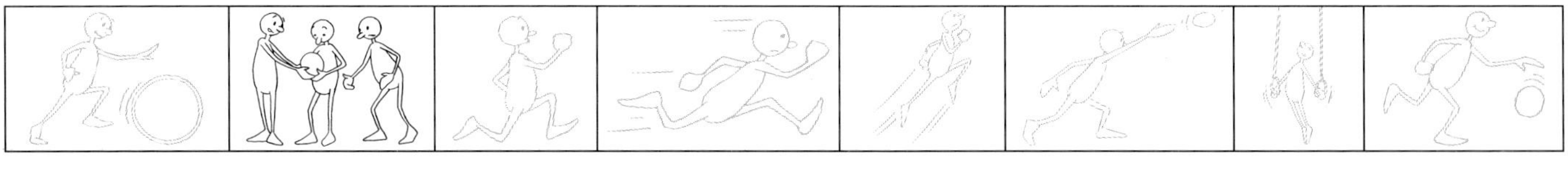

Mannschaft A
B
A
Mannschaft B

2
4
3
6
1
5

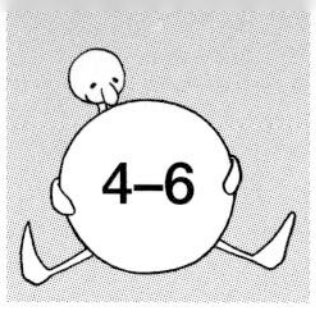

Brennball einmal anders

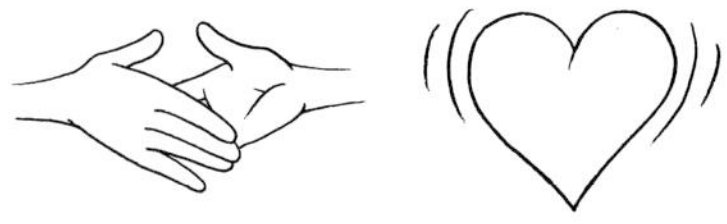

Intentionen: Regeln akzeptieren, fair spielen

Erwärmung — 8 Min.

Dauerlauf-ABC. Das so genannte *Sprint-ABC* kann auch in einen Dauerlauf integriert werden. Die Schüler begeben sich auf die Hallenrunde und führen nach einem *Stopp* durch den Lehrer (kann auch Musik sein) bestimmte Übungen des *Sprint-ABCs* (s. St. 37) aus. Die Übungen sollten den Schülern bekannt sein.

Hauptteil — 30 Min.

Brennball-Varianten. Von den zahlreichen Formen des Brennballs sollen hier zwei beschrieben werden. Sie setzen neue Reize in dem vor allem für ältere Schüler oft schon gleichförmig gewordenen Spiel und sind konditionell anspruchsvoll.

1. **Konditionsbrennball:** Die *Brenner*-Mannschaft steht gut verteilt im Feld, die *Werfer* nebeneinander an der Startlinie – jeder hat in 5 m Entfernung ein Markierungshütchen vor sich. Wenn der oder die *Werfer* (max. drei zugleich) ihre Würfe absolviert haben, müssen sie und alle anderen *Werfer* die Wegstrecke bis zum Markierungshütchen und zurück so oft wie möglich laufen – hin und zurück ergeben 2 Punkte. Die *Brenner* versuchen natürlich, die Bälle schnellstens zum Brennmal (Kasten, Reifen, feststehender Spieler) zu befördern, um *Stopp* zu rufen und das Punktesammeln der *Werfer* zu beenden. In dem Augenblick müssen alle *Werfer* hinter der Startlinie sein, wenn alle bis dahin erreichten Punkte gezählt werden sollen, ansonsten verfallen sie.

2. **Helferbrennball:** Hierfür ist ein Rundkurs mit mindestens vier Freimalen (Ständer, Hütchen o. Ä.) zu markieren. Nach dem Abwurf des *Werfers* macht sich ein Schülerpaar wie folgt auf den Weg: Ein Schüler zieht mit Hilfe eines Springseils seinen *kranken Partner* – der auf einer Fliese kniet – hinter sich her. Bei den *Brennern* ist die Situation insofern verändert, als dass sie nicht mit dem Ball laufen können. Sie müssen sich den Ball so zuspielen, dass ihn der Schüler mit der günstigsten Wurfposition zum Brennmal (ein offener Kasten im Mittelkreis mit Kreislinie gleich Wurfabstand) fangen kann. Ist der Ball im Kasten, gilt wieder das *Stopp* für die auf dem Rundkurs befindlichen *Werfer*-Paare. Sind die Schüler in diesem Augenblick nicht im Ziel oder an einem Freimal, sind sie *verbrannt* und müssen zurück zum Start. Erreichen sie das Ziel, erhalten sie 4 Punkte, bzw. 8 Punkte, wenn sie den gesamten Rundkurs in einem „Ritt“ schaffen.

Ausklang — 7 Min.

Lustiger Schlag. Bei diesem Spiel wechselt die Fängerrolle ständig. Wird man angeschlagen, muss man eine freie Hand auf das Körperteil legen, an dem man berührt worden ist, und darf erst so weiterfangen. Legt man beide Hände beispielsweise auf den Oberschenkel, hat man es noch schwerer.

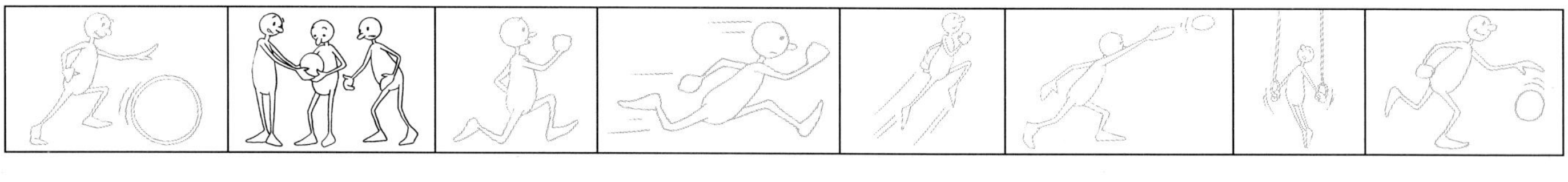

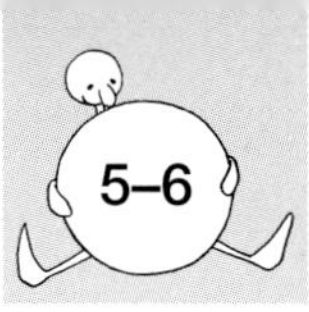

Turnschuhe rauben

Intentionen: Taktisches und kooperatives Handeln fördern

Erwärmung — 10 Min.

Fischer, Fischer, wie tief ist das Wasser? Dieser Ruf ist sicher bekannt. Der oder die *Fischer* antworten von der gegenüberliegenden Hallenseite beispielsweise: *200 Meter!* Darauf erwidern die anderen Schüler: *Und wie kommen wir rüber?* Nun bestimmen die *Fischer* eine Fortbewegungsart (Hüpfen, Krabbeln usw.), mit der die Schüler an ihnen vorbei die andere Seite erreichen sollen. Wer dabei angeschlagen wird, wechselt zum *Fischer*-Team.

Variante: Fischer, Fischer, welche Fahne weht heute? Bei der eingangs gestellten Frage nach der Farbe oder dem Muster der Fahne wird beispielsweise Rot genannt. Wer dann keine rote Farbe an sich hat, wird beim Seitenwechsel verfolgt und evtl. abgeschlagen.

Hauptteil — 30 Min.

Räuber und Wächter. Zunächst sind zwei ausreichend große Spielfelder abzustecken, die durch ein Markierungsband getrennt werden. Jedes Feld hat im hinteren Bereich noch eine Gefahrenzone, in der Schüler ihre Turnschuhe als *Goldbarren* oder *Edelsteine* ablegen, und – davon abgetrennt – die Schätze der Gegner. Dafür werden jeweils zwei mal zwei Matten ausgelegt. Ziel des Spiels ist es, die Turnschuhe des Gegners zu rauben. Dabei gelten folgende Regeln:

- ▷ Jede Mannschaft legt fest, wer in ihr *Räuber* und wer *Wächter* ist. Die Kennzeichnung erfolgt am besten mit unterschiedlich farbigen Parteibändern.
- ▷ Ein Turnschuh gilt als geraubt, wenn ein *Räuber* ohne abgeschlagen zu werden durch die gegnerische Hälfte in die Gefahrenzone (Matten) gelangt und einen Turnschuh berührt. Er darf dann nicht mehr abgeschlagen werden, den einen Turnschuh wieder in sein Feld mitnehmen (von außen hereingehen) und auf den entsprechenden Matten ablegen.
- ▷ Ein *Wächter* darf nur in seiner Hälfte abschlagen, jedoch nicht mehr in der Gefahrenzone.
- ▷ Ein abgeschlagener *Räuber* muss das Feld verlassen und in einem durch Bänke abgetrennten Bereich eine Wahlaufgabe erfüllen (Hock-Streck-Sprünge, Kniebeuge, Liegestütz u. Ä.). Dann kann er zurück in sein Feld.
- ▷ Möchte ein *Räuber* einen *gestohlenen* Schuh zurückholen, muss er wie gehabt zu den entsprechenden Matten vordringen und den Schuh anziehen. Dann darf er zurück und den Schuh wieder in der eigenen Gefahrenzone ablegen.

Ausklang — 5 Min.

Erfahrungsaustausch oder Abschlussspiel. Da das vorhergehende Spiel sehr wettkampforientiert ist, sollte auf einen eventuelle Streits schlichtenden Abschluss nicht verzichtet werden. Dazu bietet sich entweder ein Unterrichtsgespräch über den Spielverlauf an oder ein Abschlussspiel wie *Entspannen* (s. St. 35) oder auch *Zitrone* (s. St. 15).

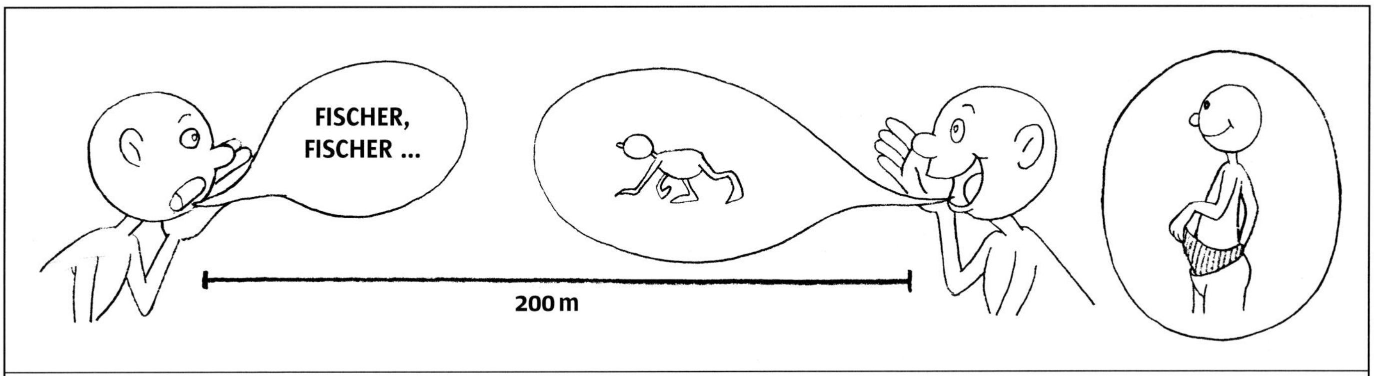
FISCHER,
FISCHER ...
200 m

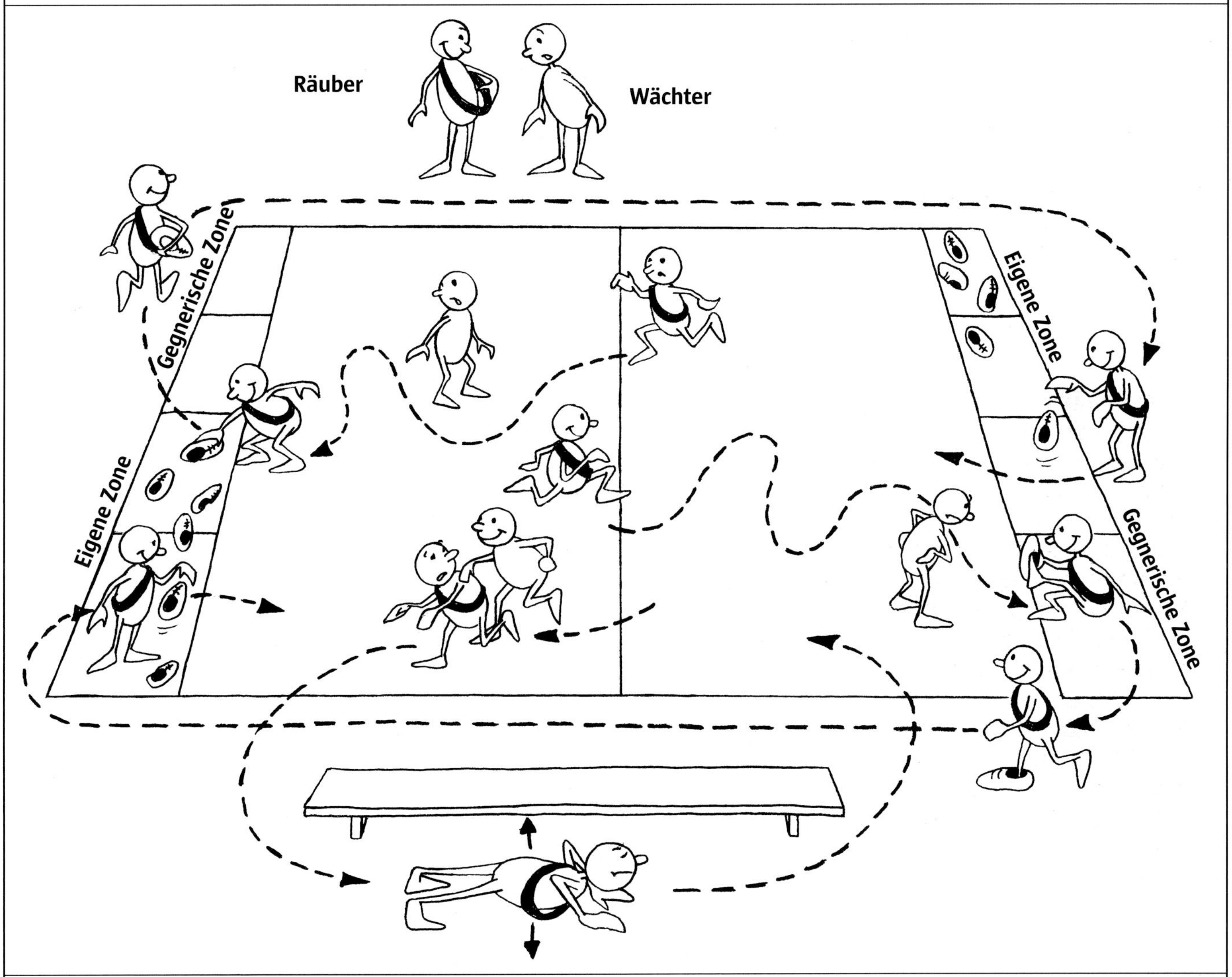
Räuber
Wächter
Gegnerische Zone
Eigene Zone
Eigene Zone
Gegnerische Zone

25. Stunde

5–6

Pirat

Intentionen: Geschicklichkeit und Ausdauer entwickeln

Vorbereitung **ca. 20 Min.**

Die Kurzvariante vom *Piraten*-Spiel ist bereits in Stunde 14 als Ausklang vorgestellt worden. Man kann dieses bewegungsintensive Spiel auch für eine ganze Stunde einsetzen – mit etwas anderen Regeln und einem umfänglicheren Geräteaufbau. In diesem Zusammenhang bietet sich auch hier an, mehrere Klassen davon profitieren und den Parcours für ein oder zwei Tage stehen zu lassen.

Geräteaufbau und die Gestaltung des Piraten-Parcours. Hier sollte man die Schüler soweit wie möglich einbeziehen. Eine gemeinsam entworfene Geräteskizze mit anschließender Einteilung für den Aufbau ist sinnvoll.

Beim Aufbau zu beachten:

- ▷ Nicht die Anzahl der Turngeräte, sondern ihre Verschiedenheit und Verknüpfung untereinander machen den Reiz des Spiel aus
- ▷ Einbeziehung von Reck und Tau wegen vielseitiger Belastungen
- ▷ Ausreichend Bänke und Matten als Verbindungselemente bzw. Ausweichmöglichkeiten einbauen
- ▷ Keine komplizierten Bewegungsabläufe fordern
- ▷ Auf Standsicherheit der Geräte achten!
- ▷ Überprüfung der *Insellandschaft* vor Spielbeginn!
- ▷ Erwärmung der Schüler und Kennenlernen des gesamten Parcours durch mehrmaliges – behutsames – Überwinden!

Hauptteil **25 Min.**

Pirat. Ein Schüler wird mit farbigem Band oder Weste als *Pirat* gekennzeichnet. Er verfolgt die *Seeleute* auf den *Inseln* und versucht sie zu fangen bzw. anzuschlagen.

Als Laufwege – für *Seeleute* und *Pirat* – gelten dabei nur die durch die Turngeräte entstandenen Pfade.
Wer den Hallenboden berührt, *fällt ins Wasser*. So wird er zum *Krokodil*, das durch das *Wasser* schwimmt (auf dem Hinterteil rutscht) und quasi zum Verbündeten des *Piraten* wird, denn es kann auf den Laufwegen befindliche *Seeleute* vom *Wasser* aus abschlagen und in den *Kerker* schicken.

Ein gefangener *Seemann* muss in den *Kerker* (evtl. durch Bänke abgetrennte Ecke) und auf *Erlösung* hoffen. Alle sind wieder befreit (auch die *Krokodile* von ihrem Los), wenn es einem *Seemann* gelingt, ein Tau hochzuklettern oder eine andere, entsprechend schwierige Aufgabe zu lösen. Bei diesem Versuch darf der *Seemann* nicht gefangen bzw. abgeschlagen werden.

In Abhängigkeit von der Ausdauer und dem Geschick sowie dem Gesamtverlauf ist zu entscheiden, wie lange der jeweilige Schüler seine *Piraten*-Rolle spielt. Erfahrungsgemäß reichen 5 bis 7 Min. aus und es gibt fast immer eine lange Warteliste für diese Rolle.

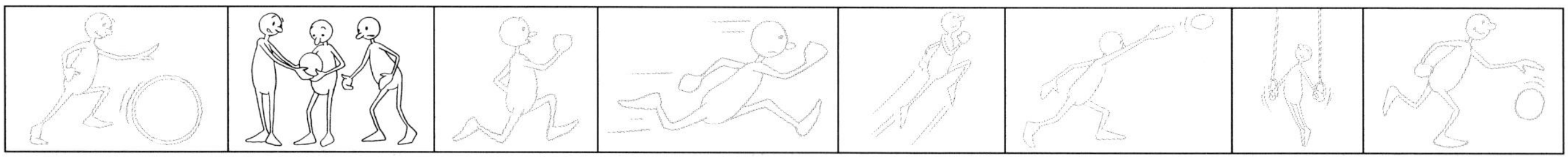

26. Stunde

Flatterball

Intentionen: Wurfgeschicklichkeit und kooperatives Handeln schulen

Erwärmung **7 Min.**

Freistation. Bei diesem Fangspiel gibt es insgesamt vier Freimale, an denen sich Läufer vor dem Fänger sicher fühlen können. Die Freimale können Kastendeckel oder auch kleine Kästen sein, die am besten in den vier Hallenecken positioniert werden. Die Schüler können sich also vor dem Abschlag schützen, indem sie beispielsweise auf einen kleinen Kasten springen – wenn dort noch ein Platz (max. für drei) frei ist. Der Aufenthalt auf dem Freimal ist auf 5 Sek. begrenzt. Der Fänger darf in der Zeit keine *Katzenwache* halten, sondern muss weiterlaufen. Hat er jemanden erwischt, wird der Abgeschlagene Fänger.

Hauptteil **30 Min.**

Flatterball. Das bewegungsintensive und spannende Spiel ist bei den Schülern äußerst beliebt und lässt sich verkürzt auch zur Erwärmung einsetzen. Es wird mit *Schweif*- oder *Flatter-Bällen* gespielt, die leicht selbst herzustellen sind. Dazu werden ausrangierte Tennisbälle auf 2 cm Länge eingeritzt, um dann am Ende verknotete Baustellenbänder (3 Stck. à 50 cm) hereinzudrücken. Etwa zehn solcher *Flatter-Bälle* erhält jede der beiden Mannschaften, die sich in einem normalen Völkerball-Feld gegenüberstehen. Die *Flatter-Bälle* werden in einem umgedrehten kleinen Kasten nahe der Mittellinie deponiert. Auf die hinteren Außenlinien werden je zwei Matten gelegt, die als Fang-*Insel* dienen.

Dem Spiel liegt *Völkerball* zugrunde. Mit einem oder auch zwei Schaumstoff-Bällen versuchen die Spieler sich gegenseitig – direkt oder auch indirekt möglich (mit Bodenberührung) – abzutreffen, worauf sie auf die Fang-*Insel* müssen. Jetzt kommen die *Flatter-Bälle* zum Einsatz. Um ihre *Gefangenen* zu befreien, müssen die Spieler ihnen einen *Flatter-Ball* so geschickt zuspielen, dass ihre Mitspieler sie fangen können. Gelingt das, können sie mit dem *Flatter-Ball* zurück ins Feld und sich außerdem aussuchen, ob sie einen zweiten – nicht gefangenen – Ball mitnehmen oder einen Mitspieler.

Das Spiel ist zu Ende, wenn eine Mannschaft keine *Flatter-Bälle* mehr hat oder aber komplett auf der *Fang*-Insel steht. Nicht selten dauert es aber länger als 30 Minuten, sodass abgebrochen und die noch vorhandene Anzahl der *Flatter-Bälle* verglichen werden muss.

Ausklang **8 Min.**

Luftballon. Alle Schüler stehen im Kreis, fassen sich an den Händen und gehen gleichzeitig zur Mitte zusammen. Auf ein vereinbartes Geräusch hin wird der Spielerkreis größer, der *Luftballon* bläst sich auf. Die Schüler können das mit lautem Pusten und Schniefen begleiten. Anschließend geht die *Luft wieder heraus* und die Schüler rücken zusammen. Die Schüler halten – so lange es geht – fest. Der Vorgang wird einige Male wiederholt, bis zu viel *aufgepumpt* wird und der *Ballon platzt*.

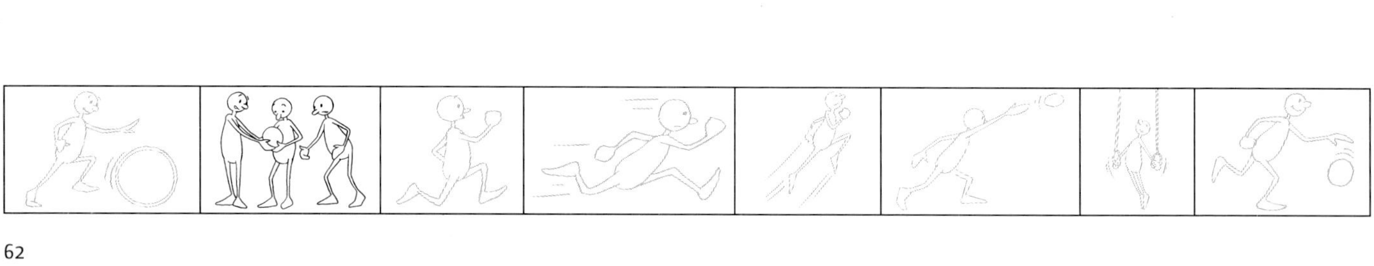

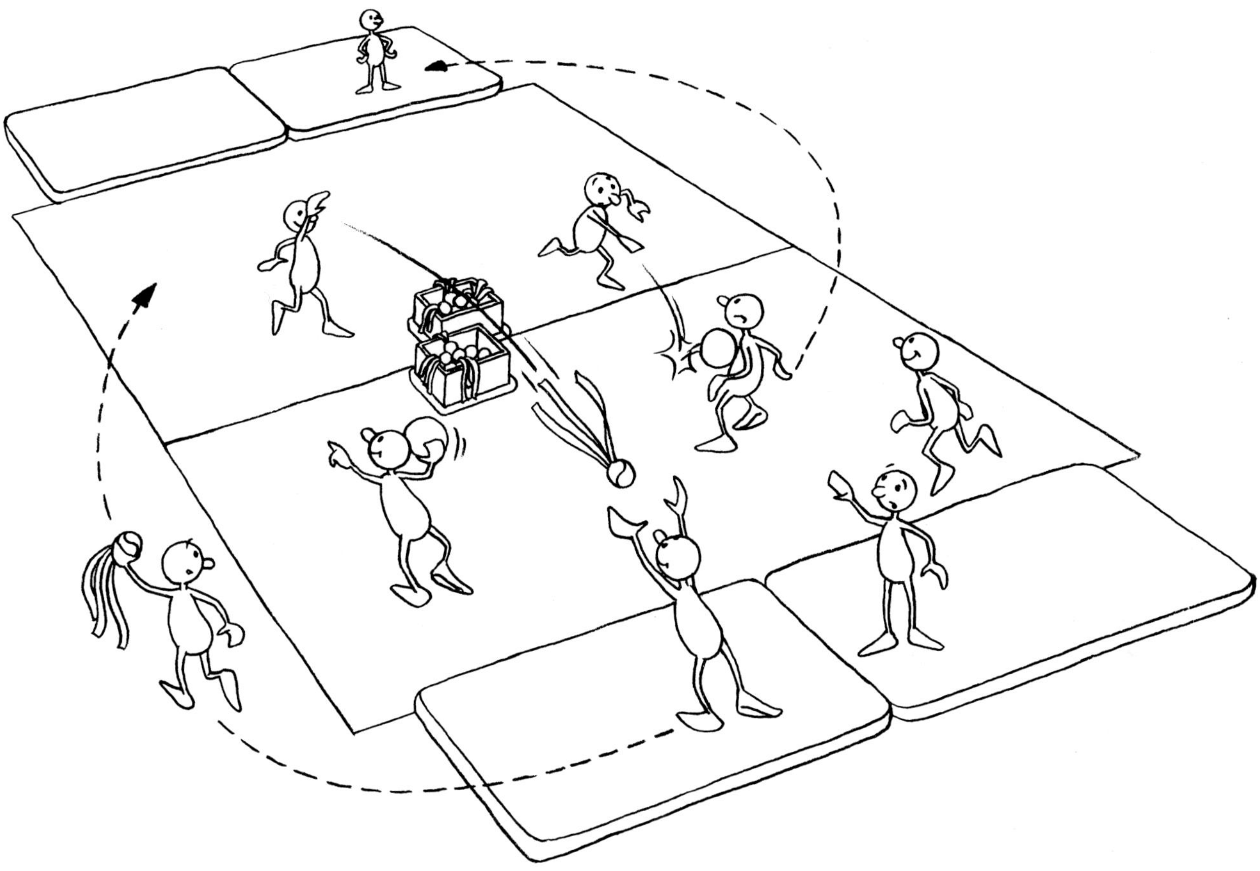

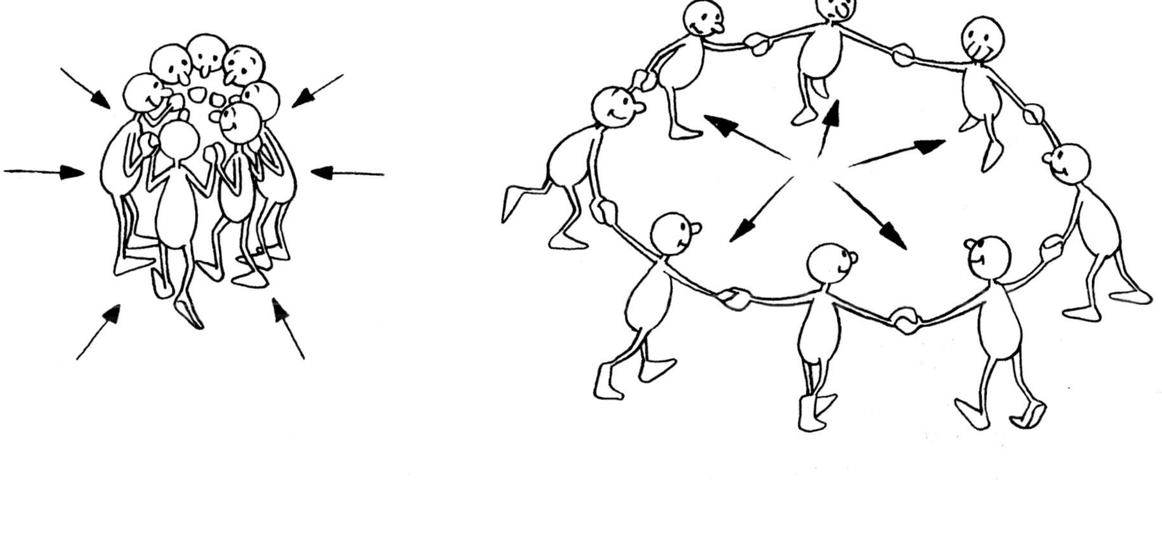

3–6

Mein Tempo finden

Intentionen: Ausdauerleistung und Zeitgefühl entwickeln

Erwärmung — 8 Min.

Rhythmische Erwärmung. Der Lehrer – oder auch mal ein Schüler – gibt mit dem Tamburin oder mit Klanghölzern den Takt entsprechend den Bewegungsaufgaben vor, z. B.:
- ▷ Langsam laufen, schnell laufen
- ▷ Gehen, Hopserlauf
- ▷ Beim Laufen gemeinsam mit dem linken und später mit dem rechten Bein aufstampfen

Hauptteil — 25 Min.

Das eigene Lauftempo finden. Wenn Schüler an Laufausdauerleistungen gewöhnt werden sollen, müssen sie lernen, in angemessenem – ihrer Leistungsfähigkeit entsprechendem – Tempo zu laufen. Die Aufforderungen dazu sollten schülergerecht „verpackt“ werden.

Bitte Kapitel 2 beachten.
Entsprechend den Fähigkeiten den Laufumfang dosieren!

Zu zweit oder dritt. Etwa 1 Minute in der Runde laufen:
- ▷ **Laufwitz.** *Lauft los und jeder erzählt dabei einen Witz.*
- ▷ **Smalltalk.** *Lauft los und jeder erzählt etwas von seinem Lieblingssänger/Lieblingssportler!*

Pylonen-Zählen. Alle Schüler laufen 1–3 Minuten lang im eigenen Tempo um einen mit Pylonen oder Malstangen markierten Parcours:
▷ *Lauft und zählt die Pylonen, an denen ihr vorbei kommt!*
Nach der jeweiligen Zeit hören die Schüler nur den Pfiff des Lehrers.
▷ *Lauft den Weg zurück. Ihr müsst auf die gleiche Anzahl kommen!*
Nach der gleichen Zeit stoppt der Lehrer den Lauf und fragt die Schüler, wie nahe sie der Anzahl vom vorigen Lauf gekommen sind. Je nach Zeitverlauf kann das Ganze wiederholt werden – auch mit kürzerer Strecke.
Nun erhalten die Schüler eine – zunächst geringe – Zeitvorgabe:
▷ *Lauft 1 Minute im selben Tempo wie vorhin. Wenn ihr glaubt, die Zeit erreicht zu haben, bleibt einfach an der Seite stehen.*
Das gleiche mit größeren Zeitvorgaben üben.

Auf Zeit. Als Letztes sollen die Schüler eine festgelegte Strecke (z. B. zehn Runden oder 400 m) in unterschiedlichen Zeiten zurücklegen. Dazu könnten drei jeweils niveaugleiche Gruppen extra starten, um das Zeitnehmen und Auswerten für den Lehrer zu erleichtern.

Ausklang — 12 Min.

Vierecken-Tick. Vier ähnlich laufstarke Riegen werden gebildet, die sich an den Ecken eines etwa quadratischen Lauffeldes aufstellen. Der Lehrer nennt den Vornamen eines der vier jeweils ersten Läufer und gibt somit das Startzeichen für diesen Schüler, in 20 Sek. möglichst viele Abschläge bei den anderen drei Schülern zu erzielen, wofür es jeweils 1 Punkt gibt.
Regel: *Keiner darf zweimal hintereinander angeschlagen werden.*

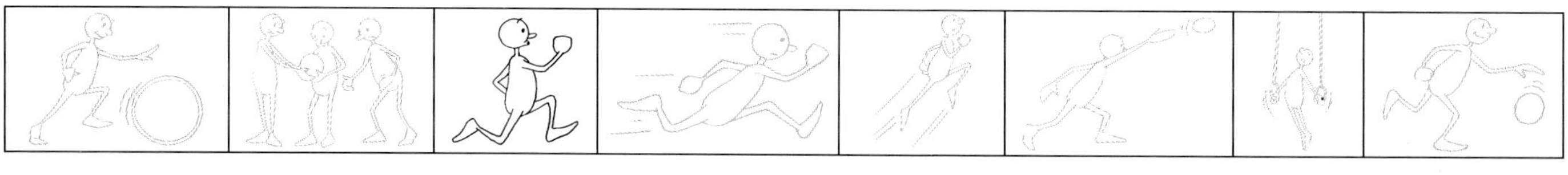

6 …
7 …
9 …
?
13 …

28. Stunde

4–6

Inside – Outside

Intentionen: Ausdauerleistungsfähigkeit entwickeln

Erwärmung **10 Min.**

Liegezeck. Dieses Spiel wurde bereits im Ausklang der 5. Stunde beschrieben. Es lässt sich auch sehr gut – mit höherer Intensität – als Erwärmungsspiel nutzen. Dazu gibt es nicht nur ein Fängerpaar, sondern mehrere *Hase-Jäger*-Paare, die das Spiel aufnehmen. Man sollte jedoch langsam steigern, damit die Schüler sich an das entstehende Wirrwarr gewöhnen können.

Hauptteil **25 Min.**

Inside – Outside. Es gibt zwei Mannschaften, mehrere Male im Wechsel, oder man kann das Spiel auch – in Turnierform – mit mehreren Mannschaften spielen.

Eine Gruppe ist zunächst die *Läufer*-Mannschaft, die andere die *Werfer*-Mannschaft. Die *Läufer*-Mannschaft schickt zu Beginn zwei Schüler auf die Rundbahn, die für jede absolvierte Runde je 1 Punkt sammeln. Sie beenden ihren Rundenlauf erst, wenn sie von der *Werfer*-Mannschaft, die im abgetrennten Innenkreis steht, abgeworfen werden (Softball!). Ist das der Fall, läuft für jeden abgeworfenen Spieler sofort ein neuer los, sodass immer zwei Schüler auf der Bahn laufen.

Jeder trägt auf einer vorbereiteten Tafel selbst seine Punkte ein. Dies kann auch der Lehrer übernehmen, der festlegt, wann das Rennen beendet und gewechselt wird. Wenn die Belastung – auch für einzelne Schüler – zu groß ist, können Auszeiten vergeben werden oder man wechselt in einem kürzeren Rhythmus. Die Mannschaft mit den meisten Punkten gewinnt.

Für die *Werfer* gilt immer: Mit Übersicht und Geschick den Ball oder die Bälle zuspielen, sodass derjenige mit der besten Position den herannahenden *Läufer* abwerfen kann.

Variante: Das Spiel ist nicht zeitlich begrenzt, sondern geht solange, bis jeder *Läufer* ein- oder zweimal an der Reihe war. Ferner können die *Läufer* mit den meisten Punkten ermittelt werden.

Ausklang **10 Min.**

Balltreiben. Vier Bänke werden im Quadrat aufgestellt und die Mannschaften von *Inside – Outside* können im Prinzip bestehen bleiben. Jede Mannschaft nimmt hinter einer Bank Aufstellung. In der Mitte liegt ein Medizinball, der nach Anpfiff von den Schülern mit Softbällen *beschossen* werden muss, sodass er möglichst nicht die eigene Bank, sondern die des Gegners trifft. Berührt der Medizinball eine Bank, bekommt die betreffende Mannschaft einen Minuspunkt und es beginnt eine neue Runde. Die Schüler dürfen während des Spiels nicht in das Bankquadrat, um sich Bälle zu holen. Es siegt die Mannschaft mit den wenigsten Minuspunkten.

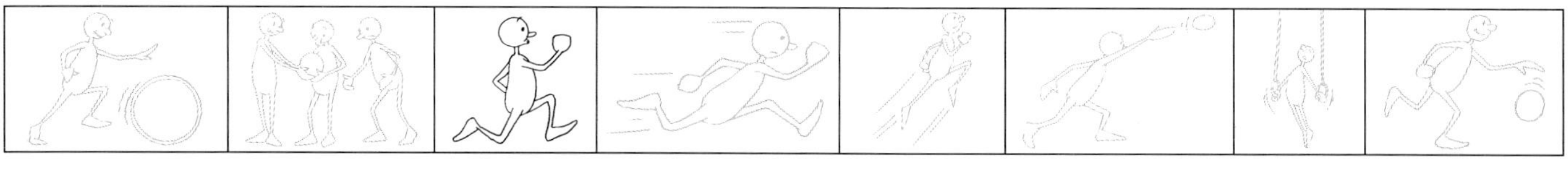

29. Stunde

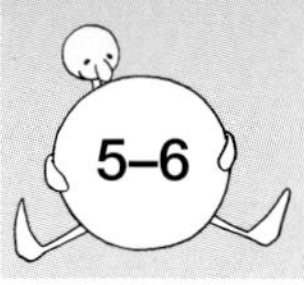

Verfolgungsrennen

Intentionen: Ausdauerleistungsfähigkeit entwickeln

Erwärmung — 10 Min.

Brückenwächter. Man stellt zwei Bänke an den Hallenlängsseiten so auf, dass sie ca. fünf Meter vor einer Wand stehen. Dazwischen *wacht* je ein Schüler als *Brückenwächter*. Die anderen müssen nun versuchen, an den *Brückenwächtern* vorbeizukommen ohne von ihnen abgeschlagen zu werden (Minuspunkt). Die *Brückenwächter*-Rolle sollte laufend gewechselt werden. Als Ziel kann für alle eine bestimmte Anzahl zu laufender Runden gelten oder ein Zeitlimit. Im letzteren Fall sind möglichst viele Runden zu schaffen. Generell sollten die eigenen Abschläge mitgezählt und in die Wertung einbezogen werden.

Hauptteil — 25 Min.

Verfolgungsrennen. Nachdem zwei möglichst gleich starke Mannschaften gewählt wurden, gehen die Teams zu ihren Startpositionen und stellen sich dort der Reihe nach auf. Die Startpositionen sind so zu wählen, dass jede Mannschaft für sich eine eigene – räumlich getrennte – Runde laufen kann, mit der anderen also nicht in Berührung kommt. Nun wird der Erste jeder Mannschaft jeweils als *Verfolger* zur gegnerischen Mannschaft geschickt und muss sich etwa 15 m hinter ihr postieren.

Auf Pfiff wird nun in beiden Runden gestartet, ohne dass sich die Läufer einer Mannschaft untereinander überholen dürfen. Das Rennen wird abgebrochen, sobald ein *Verfolger* den hintersten Läufer der Gegenmannschaft berührt hat. Dann gehen die *Verfolger* wieder zurück in ihre Mannschaft und die Nächsten müssen ihre Rollen übernehmen.

Auszeiten gewähren!

Weniger belastende Varianten: Im weiteren Verlauf kann man die Belastung mindern, indem ein, zwei oder auch mehrere Läufer für ein Rennen pausieren können. Eine mögliche Differenzierung für laufschwächere *Verfolger* besteht in einer Abstandsverkürzung zwischen den Startpositionen.

Varianten mit anderen Fortbewegungsarten: Dieses konditionell anspruchsvolle Laufspiel wird vielseitiger, wenn neben normalem Laufen auch zwischenzeitlich andere Fortbewegungsarten gewählt werden – Rückwärtslaufen, Seitwärtslaufen, schnelles Gehen usw.

Ausklang — 10 Min.

Sandwich. Nach der konditionell recht anspruchsvollen Phase bietet sich ein ruhiger, doch nicht weniger freudvoller Ausklang mit dem Spiel *Sandwich* an.
Dazu legen sich jeweils drei oder vier Schüler flach mit dem Rücken auf eine Weichbodenmatte. Sie sollen ausharren (das ist das eigentlich Kribblige), wenn ein zweiter Weichboden auf sie herunterfällt. Er wird dazu von Helfern hochkant auf eine Bank gestellt und nur leicht zum Fallen gebracht. Das ist übrigens völlig ungefährlich!

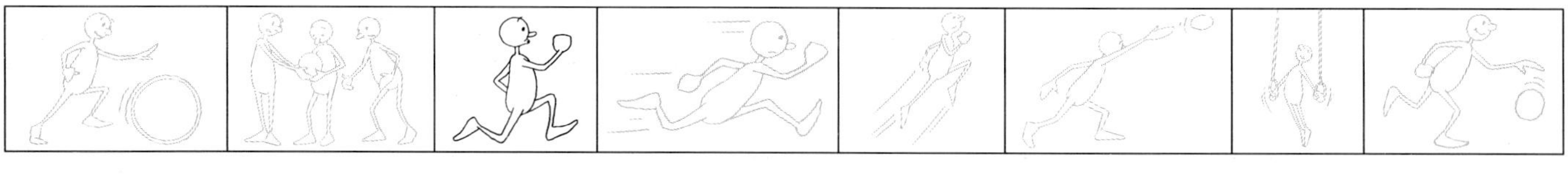

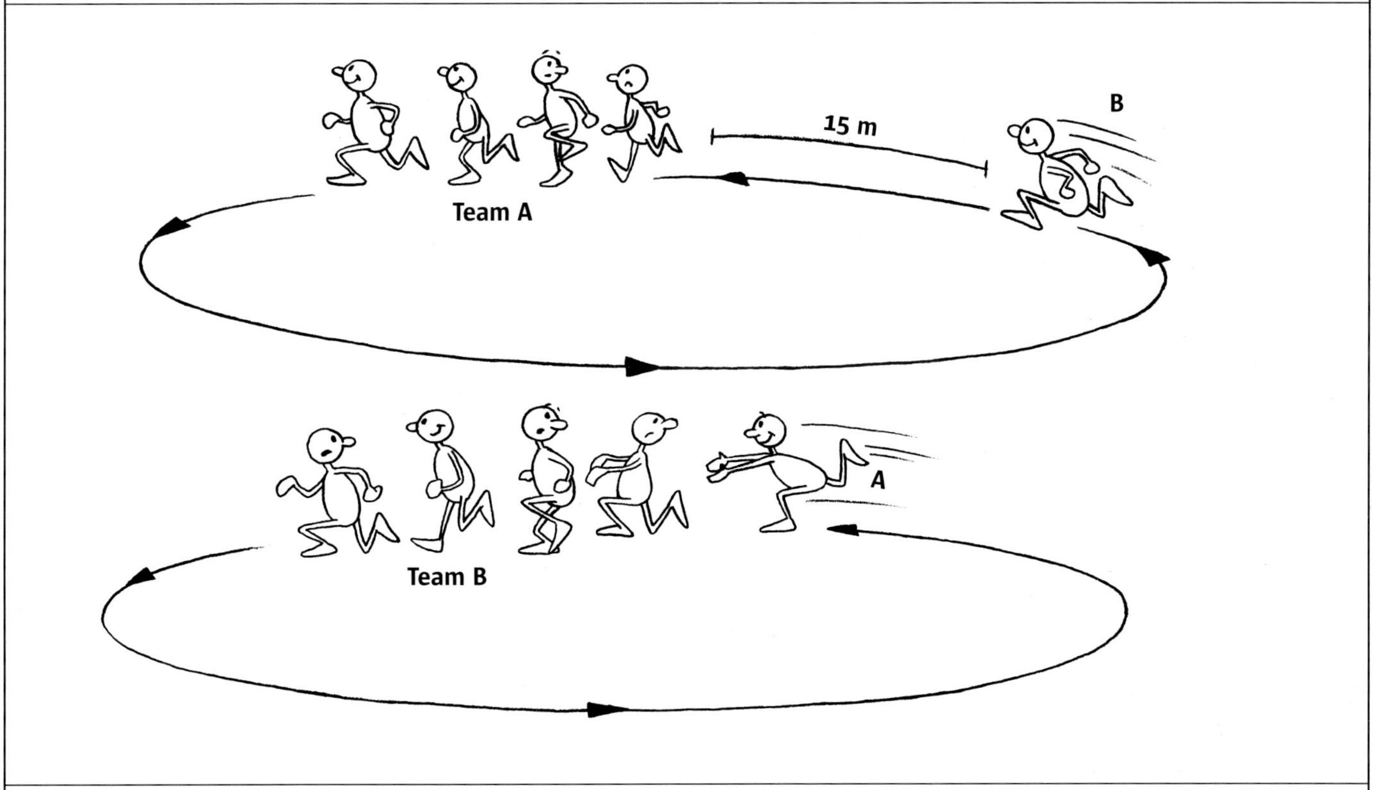
B
15 m
Team A
A
Team B

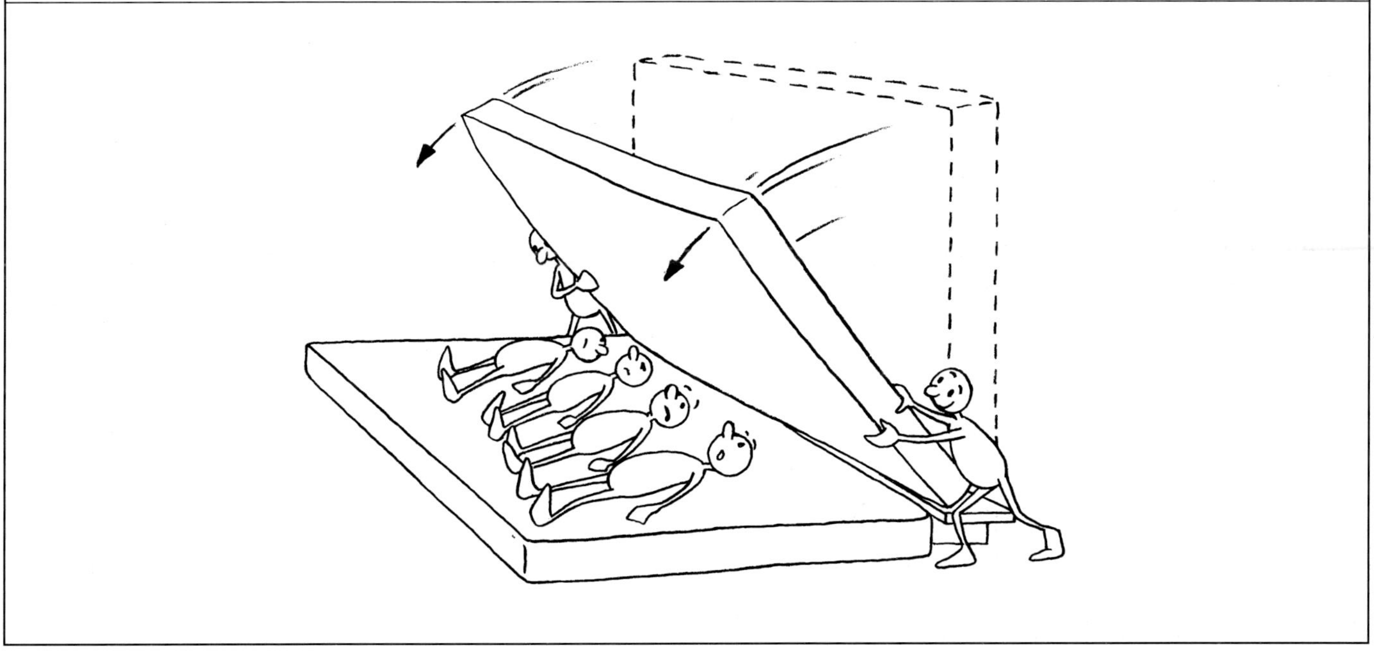

Bingostaffel

Intentionen: Ausdauerleistungsfähigkeit entwickeln

Erwärmung 10 Min.

Abschirmen. Für dieses bewegungsintensive Erwärmungsspiel müssen sich Dreiergruppen bilden. Ein Schüler wird von seinem Partner beschützt, indem beide durch Handfassung miteinander verbunden sind. Ein *Angreifer* nähert sich und versucht nun den *Beschützer* zu umlaufen und den *Beschützten* zu berühren, was die beiden aber durch geschicktes Abschirmen sowie Ausweichen verhindern. Die Rollen werden gewechselt und anschließend evtl. neue Dreiergruppen gebildet.

Hauptteil 25 Min.

Bingostaffel. Die Bingostaffel lässt sich auf vielfältige Weise durchführen, ist aber auch abhängig vom jeweils zur Verfügung stehenden Unterrichtsmaterial.

Material: Selbiges können die Schüler gut im Sachkunde- oder Kunstunterricht vorbereiten. Einen nur geringen Aufwand hat man mit Zahlen, die z. B. von 1–25 in Fünfergruppen auf eine Pappe untereinandergeschrieben werden. Hinzu kommen 25 einzelne Kärtchen, am besten auch aus Pappe. Alles sollte möglichst in dreifacher Ausführung vorliegen, sodass drei Mannschaften an den Start gehen können. An einem bestimmten Wendepunkt werden dann die Pappkärtchen – umgedreht und auf einem Haufen – abgelegt, während die Papptafeln an den Startlinien verbleiben.

Das Prinzip ist einfach: Ein Schüler läuft zum Wendepunkt, greift sich ein Kärtchen – ohne es gleich anzusehen – läuft zurück und legt es auf die passende Zahl der Papptafel.

Wer gewinnt? Gewonnen hat die Mannschaft, welche als Erste ihre Zahlen komplett hat. Möglich ist aber auch eine andere, differenzierte Wertung, da auf dem Weg zum Ziel mehrere Punkte, die *Bingos*, gesammelt werden können. Nämlich immer dann, wenn eine waagerechte, senkrechte oder diagonale Reihe komplett ist. In unserem Fall wären das 12 verschiedene Bingos bzw. Punkte, die man dem Abschlussgewinn gegenüber in die Waagschale werfen könnte.

Die zu absolvierenden Strecken: Für Ausdauerlauf-Anfänger reicht diese einfache Form aus, wenn man sie noch ein- oder zweimal wiederholt und dabei die Mannschaften neu zusammenstellt. Geht man von einer Schülerzahl von 24 aus, ist jeder mindestens dreimal unterwegs. Anspruchsvoller wird es, wenn jeweils drei, fünf oder gar alle Schüler mit nur einer Zahl laufen dürfen und die Strecke länger wird.

Ausklang 10 Min.

Zombie. Wer bei *Zombie* den Ball findet, nimmt ihn sich und wirft einen anderen Schüler ab. Hierbei ist es förderlich, wenn der werfende *Zombie* nur zwei oder drei Schritte mit dem Ball laufen darf. Der getroffene Spieler geht zunächst vom Spielfeld, doch nur so lange, bis sein *Zombie* irgendwann selbst getroffen wird. Wird der Ball gefangen, werden die Rollen getauscht.

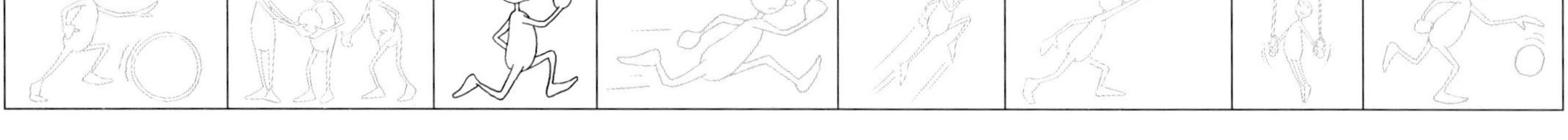

1 2 3 4 5
6 7 8 9 10
11 12 13 14 15
16 17 18 19 20
21 22 23 24 25
8

1.
2.
2.
3.
1.
2.

Biathlon

Intentionen: Ausdauerleistungsfähigkeit verbessern

Erwärmung — 10 Min.

Jägerball-Variante. Es treten drei Schüler als *Jäger* auf. Sie sind mit einem Parteiband gekennzeichnet und versuchen die *Hasen* mit dem Softball abzuwerfen. Es zählen nur indirekte Treffer, d. h., der Ball muss vorher den Boden berühren. Abgetroffene Spieler müssen einen separat aufgestellten Korb oder kleinen Kasten (umgedreht) aus 5 m Entfernung treffen, um sich zu *erlösen*. Natürlich können auch andere Aufgaben als *Erlösung* festgelegt werden.

Hauptteil — 25 Min.

Biathlon. Er besteht aus zwei Wettbewerben, in denen gelaufen und auf Ziele geworfen wird.

Aufbau für den 1. Wettbewerb:
- Vier kleine Kästen, die umgedreht in der Mitte stehen
- Vier Pylonen als Riegenmarkierung in den Ecken und jeweils daneben vier Reifen als Abwurfpunkte
- Ausreichend – etwa acht bis zehn für jede Gruppe – kleine Wurfgeräte wie Reissäckchen, kleine Ringe oder Schweifbälle
- Papier und Bleistift für jede Gruppe

1. Wettbewerb (ca. 10 Min.): Die Schüler starten von ihren Eckpunkten aus und laufen eine bestimmte Anzahl von Runden. Nach jeder Runde werfen sie beispielsweise einen *Schweifball* (s. S. 26) in ihren kleinen Kasten, der nicht weiter als 5 m entfernt sein sollte. Ist nichts mehr zum Werfen da, werden die Säckchen und Bälle wieder eingesammelt.
Für jede Runde und jeden erzielten Treffer gibt es je einen Punkt, den der Teamleiter notiert. Nach dem Abpfiff werden die Punkte gezählt. Ob die Schüler jeweils einzeln oder in Gruppen laufen, hängt von der Rundengröße und letztlich der Belastungsgestaltung überhaupt ab. Die Schüler sollen gefordert werden, sich aber auch zwischenzeitlich erholen können.

Umbau für den 2. Wettbewerb:
- Die Startpylonen werden an eine Seite gestellt, sodass die Mannschaften nebeneinander laufen.
- Vier Bänke, die an der Wand der gegenüberliegenden Seite stehen
- Auf die Bänke jeweils die gleiche Anzahl von Pylonen
- Genügend Bälle, die wurfbereit in einem Kastendeckel an der Abwurfmarkierung liegen

2. Wettbewerb (ca. 10 Min.): Je zwei oder drei Schüler einer Riege laufen eine Gerade, nehmen einen Ball und versuchen eine Pylone von der Bank zu schießen. Gelingt das, laufen die Schüler zurück, sodass die nächsten starten können. Bei einem Fehlwurf dürfen sie das darauffolgende Mal nicht werfen. Trefferzählung wie gehabt. Sollten die Pylonen in der laufenden Zeit alle heruntergeworfen werden, sorgt ein Schüler dafür, dass alle wieder auf der Bank stehen.

Ausklang — 10 Min.

Luftnummer. Am besten geeignet ist ein normal großer Wasserball, den die ganze Klasse immer wieder geschickt antippt, ohne dass er den Boden berührt. Bei größeren Klassen – etwa ab 25 Schüler – sollte man für die *Luftnummer* zwei Gruppen hintereinander antreten lassen.

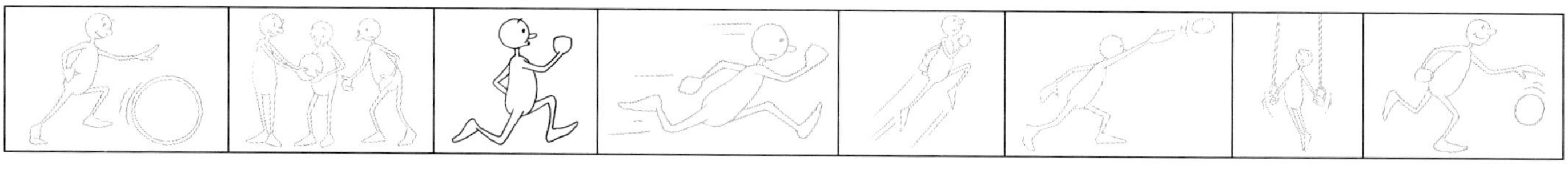

5 m

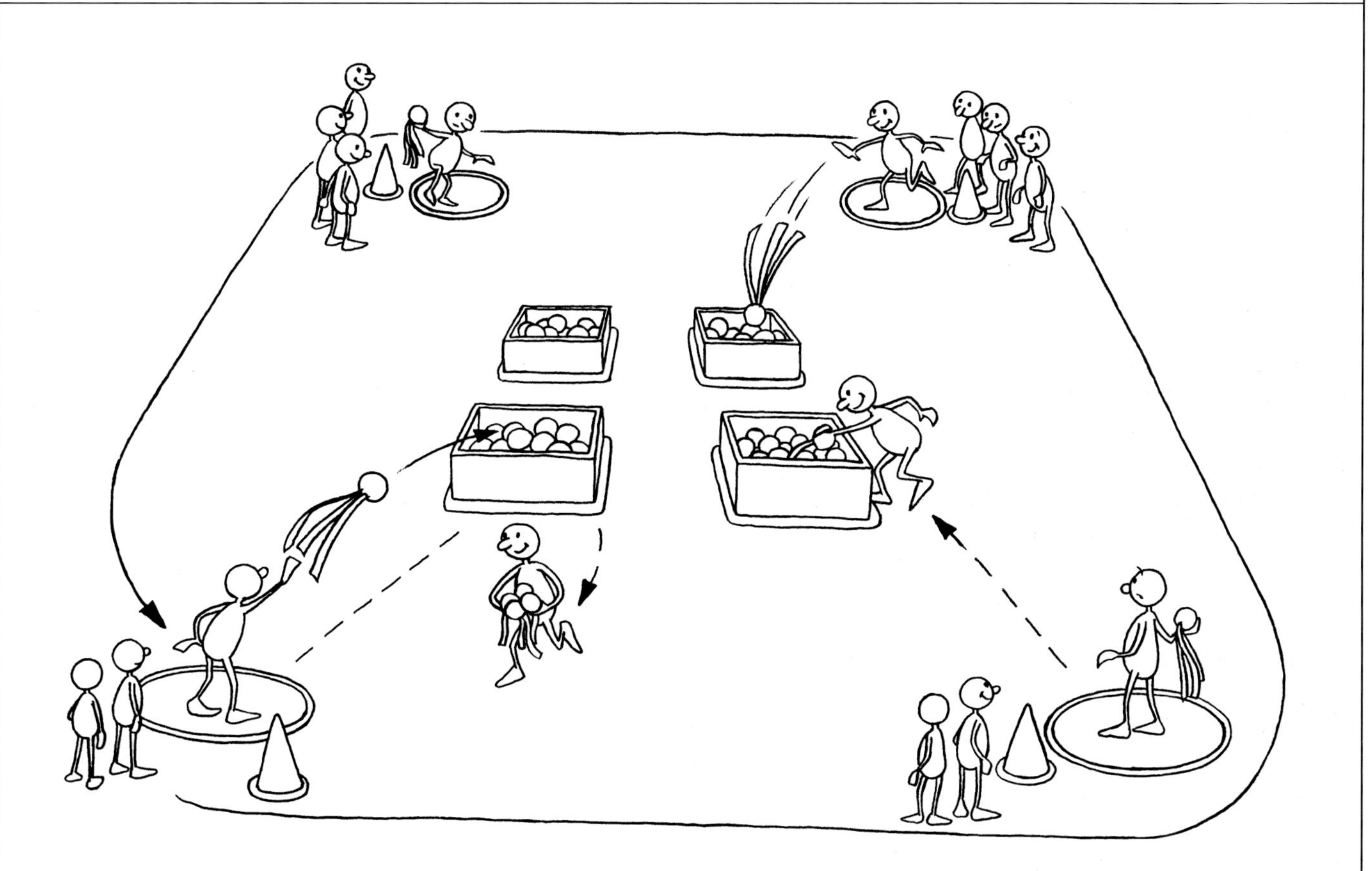

Zeichenlauf

Intentionen: Ausdauerleistungsfähigkeit entwickeln

Erwärmung — 10 Min.

Klammerkönig. Alle Schüler heften sich an ihr heraushängendes Trikot – rückseitig – je eine Wäscheklammer. Auf ein Startzeichen des Lehrers versuchen sich die Schüler gegenseitig die Klammern wieder wegzunehmen. Also: Nehmen und nehmen lassen. Wer eine oder mehrere Klammern erbeutet hat, darf kurzzeitig an die Seite gehen, um sich die Klammern wieder anzuheften. *Klammern nicht in die Tasche stecken!*

Varianten: Das Spiel lässt sich auch umkehren, sodass die Klammern wieder angesteckt werden müssen. Eine weitere Variante dazu ist das Spiel *Schwänzchen-Klau,* bei dem statt der Wäscheklammern ein aus der Hose hängendes Parteiband verwendet wird.

Hauptteil — 25 Min.

Zeichenlauf. Zu dieser Spielform ist vorher eine Laufstrecke festzulegen, die generell nicht allzu lang sein sollte, um den Spielcharakter des Laufes aufrechtzuerhalten. Anschließend werden Zweier-, Dreier- oder Vierer-Mannschaften gebildet, die mittels Kreide oder Bleistift beispielweise ein Haus zeichnen müssen.

Dabei gilt folgende Regel: Erst ist eine bestimmte Strecke bzw. Runde zurückzulegen, bevor jeder Einzelne sich an der Zeichnung immer nur mit jeweils einem Strich zu schaffen machen kann. So entsteht nach und nach – je nach Vielfalt des zu zeichnenden Gegenstandes – das komplette Werk, bis ein Läufer den letzten Strich macht.

Sieger kann die Mannschaft sein, die als Erste die fertige Zeichnung vorweist, aber auch für die Qualität können Prämien- oder Bonuspunkte vergeben werden.

Variationen: Das Spiel kann beliebig variiert werden (andere Zeichnungen, Rechenaufgaben u. Ä.) und es eignet sich sehr gut auch für Mannschaften, die nicht leistungshomogen sind.

Ausklang — 10 Min.

Sonnenuhr. Für die *Sonnenuhr* müssen sich die Schüler bäuchlings so auf den Boden legen, dass alle Köpfe zur Mitte zeigen und sich praktisch ein Liegekreis ergibt. Anschließend haken sich alle fest unter, was bei Mädchen und vor allem bei Jungen die bekannten Berührungsängste hervorruft. Oft hilft der Spruch: *Jetzt könnt ihr beweisen, wie ihr als Klasse zusammenhalten könnt!*

Ein oder zwei Schüler versuchen nun, liegende Schüler an den Beinen aus dem Liegekreis herauszuziehen, wobei je nach Klassenstufe und Sozialgefüge eine Absprache über den möglichen Krafteinsatz und die noch zulässige „Schmerzgrenze" sinnvoll sein kann. Aus dem Ring herausgelöste Schüler helfen den anderen.

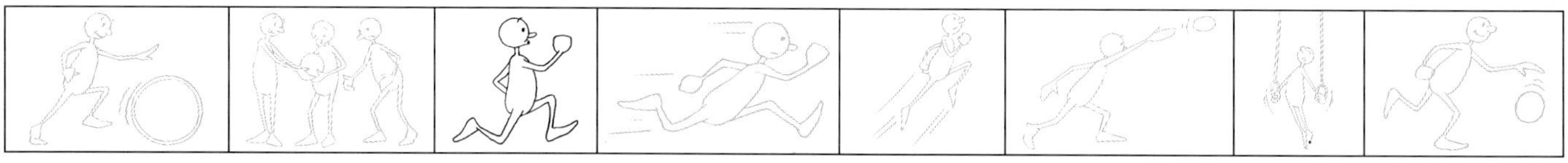

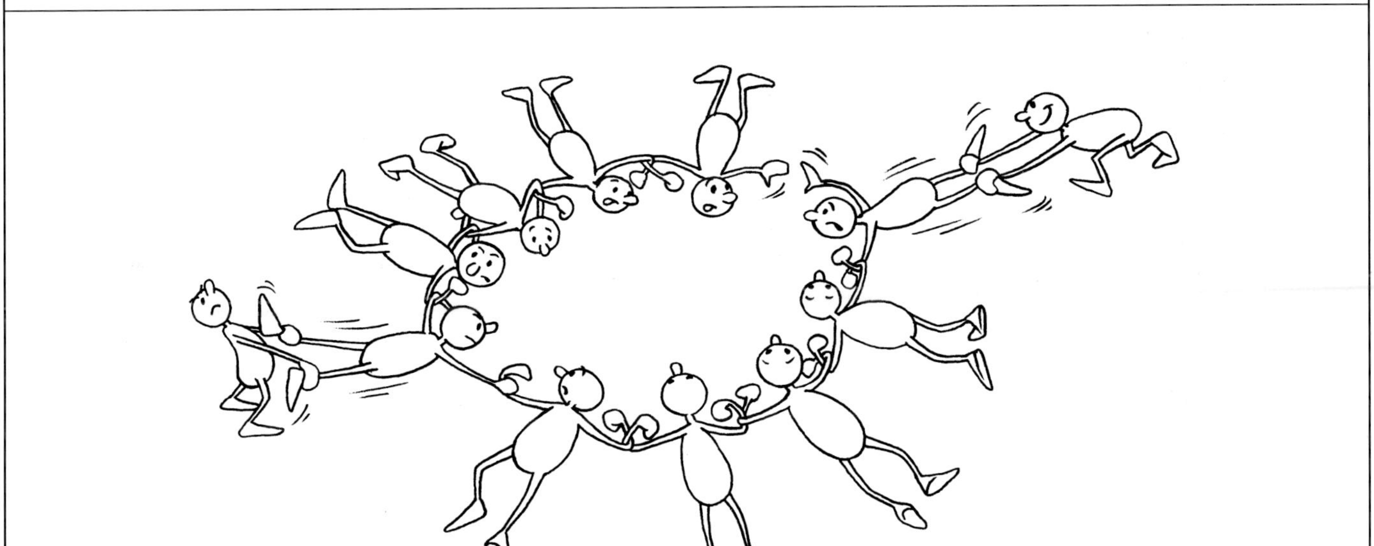

Punkte sammeln

Intentionen: Ausdauerleistung und kooperatives Handeln fördern

Die Umsetzung der folgenden Inhalte ist im Grunde nur in großen Hallen, vor allem aber auf dem Sportplatz oder dem Schulhof möglich.

Vorbereitung und Erwärmung — 10 Min.

Nummern verstecken. Jeweils drei Schüler, die ähnlich laufstark sind, ziehen – von den anderen verdeckt – eine Nummer (auf kleines Pappkärtchen geschrieben) und müssen diese auf einem abgegrenzten Gelände unter einer Pylone verstecken. Danach laufen sie auf einem sich durch das Gelände ergebenen Rundkurs etwa 90 Sek. in gleichmäßigem, lockerem Tempo.

Hauptteil — 25 Min.

Punkte sammeln. Die Gruppen laufen nach gemeinsamem Start und selbst gewähltem Tempo durch das Gelände. Die Schüler einer Gruppe können sich dabei auch verteilen, denn nach 30 Sek. und einem entsprechenden Zeichen des Lehrers müssen die Gruppen möglichst schnell die Folgenummer unter irgendeiner Pylone finden.

In diesem Zusammenhang ist vielleicht sinnvoll, vorher auch Zweier- und Vierergruppen zu bilden. Letztere wären dann evtl. laufschwächer, was sie aber durch ein schnelleres Auffinden der gesuchten Nummer ausgleichen könnten.

Hat die Gruppe die Nummer entdeckt, läuft sie damit zum Lehrer. Der notiert sie fortlaufend und kann so immer kontrollieren, ob ihm die richtige Nummer gezeigt wird. Die jeweilige Gruppe versteckt danach die Nummer wieder unter einer „freien“ Pylone und macht sich sofort auf die Suche nach der Folgenummer, die die Vorgängermannschaft hoffentlich schon irgendwo deponiert hat. Es siegt die Mannschaft, die als Erste alle Nummern komplett hat.

Wenn unfreiwillig kurze Pausen entstehen sollten, weil die gesuchte Nummer gerade „unterwegs“ ist, kann die Mannschaft eine Bonus-Runde (ca. 200 m – vorher abgesteckt) laufen, die dazu berechtigt, jeweils einen Platz in der Gesamtwertung vorzurücken.

Da der zeitliche Verlauf sehr unterschiedlich sein kann, ist eine Wiederholung des Spiels durchaus möglich.

Ausklang — 10 Min.

Pylonen weglaufen. Die Pylonen lassen sich auch sehr gut für den Stundenausklang verwenden. In einem etwas überschaubareren Bereich traben die Schüler um die Pylonen herum. Auf ein *Stopp*-Zeichen des Lehrers müssen alle zu irgendeiner Pylone laufen und gemeinsam 20 Sek. lang eine von der ganzen Gruppe selbst gewählte Übung machen wie Kniebeugen – auf ganzer Sohle, Sprünge auf der Stelle usw. Anschließend wird eine Pylone entfernt und erneut müssen sich die Schüler nach der Laufunterbrechung an einer Pylone einigen, welche Übung sie machen.

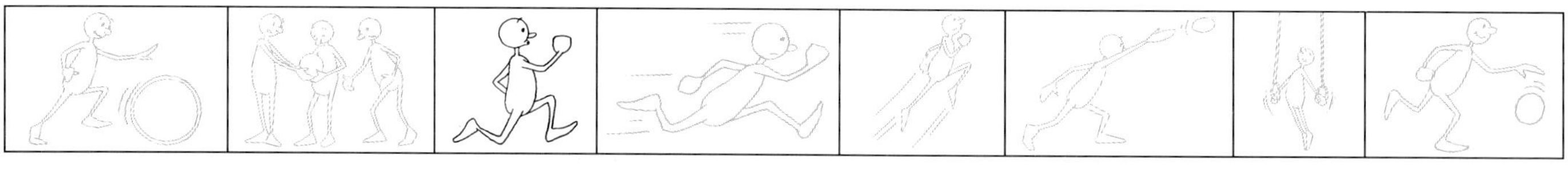

A
B
3

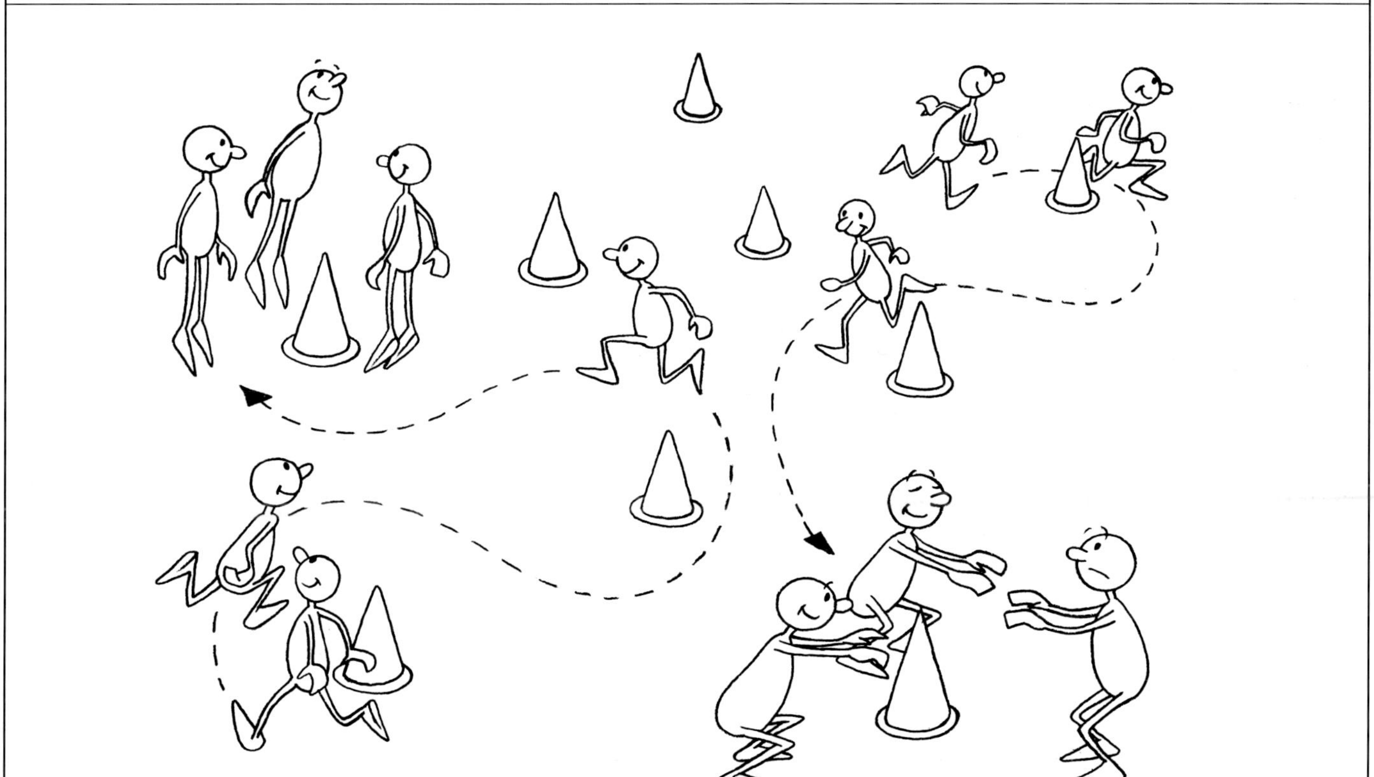

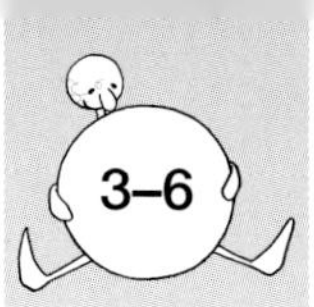

Zahlenlauf

Intentionen: Ausdauerleistungsfähigkeit entwickeln

Erwärmung — 8 Min.

Parteibandfangen. Zwei Schüler erhalten ein Parteiband und werden zu Fängern. Als solche haben sie die Aufgabe, andere Schüler abzuschlagen, sich dabei aber nur auf den eingezeichneten Begrenzungslinien des Hallenbodens zu bewegen. Ein Bein muss dabei immer die Linie berühren. Das gilt auch für die weglaufenden Schüler, wenn die Halle zu groß ist oder keine weiteren Linien mit einem Band markiert werden. Getroffene Schüler tauschen mit den Fängern die Rollen. Keiner darf stehen bleiben oder sich einen „Schonraum" suchen.

Kurzvariante: Man verzichtet auf den vollen Rollentausch und nur die Gefangenen werden zu weiteren Fängern, sodass die Fängerschar zunimmt.

Hauptteil — 32 Min.

Zahlenlauf. Hier kommt es auf das gemeinsame Erleben in der Gruppe sowie gleichmäßiges, rhythmisches Laufen an. Es ist deshalb nicht sinnvoll, Gruppen mit allzu hohen Niveauunterschieden in der Laufausdauerstärke zuzulassen, was beispielsweise beim *Würfellauf* oder dem *Sechs-Tage-Rennen* durchaus angebracht ist. Ferner ist bei der Wahl der Gruppengröße der zur Verfügung stehende Platz mit einzubeziehen. So muss man – um die Laufpausen nicht zu lang werden zu lassen – bei einer kleinen Halle mit stärkeren Gruppen vorlieb nehmen als bei einer großen Halle oder einer Freifläche. Hier können mehrere Gruppen – mit zwei, drei oder vier Schülern – nebeneinander starten.

Folgende **Aufgaben** werden den Gruppen gestellt, wobei es immer um die Form der Zahlen geht:

- ▹ *Lauft nacheinander die Zahlen eurer Geburtstage (ohne Monat) ab!*
- ▹ *Addiert euer Alter und lauft diese Zahl!*
- ▹ *Denkt euch eine zweistellige Zahl aus, die ihr laufen wollt!* (Laufstärkere Gruppen wählen eine dreistellige Zahl.)

Pausen von 30 Sek. bis zu einer Minute könnten – je nach Laufzeit – beispielweise nach zwei oder drei Zahlen eingelegt werden. Ansonsten würde ich den Schülern die Ausführung weitgehend selbst überlassen. Gruppen, die ihre Aufgaben vorzeitig „erlaufen" haben, erhalten Zusatzaufgaben wie das Datum oder Ergebnisse von Rechenaufgaben.

Ausklang — 5 Min.

Was bin ich? So heißt es jedes Mal nach einer kurzen Trab-Phase und dem Pfiff des Lehrers. Dann müssen die Schüler sich wie ein von ihnen oder dem Lehrer gewähltes Tier fortbewegen. Die Abschlussaufgabe könnte lauten: *Geht alle so in die Umkleidekabinen, wie sich eine Katze ihrer Beute nähert: leise und behutsam!*

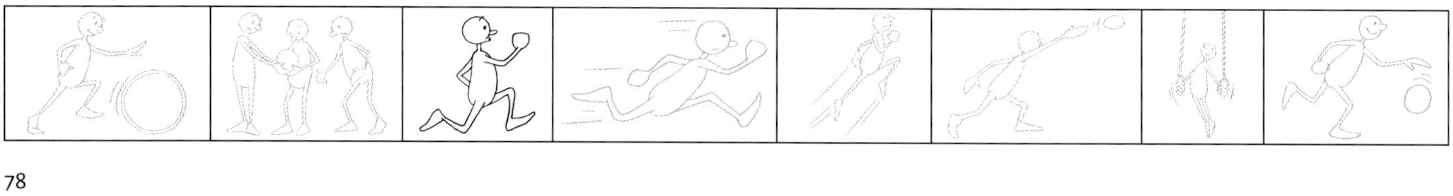

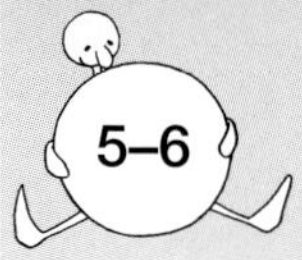

Würfellauf

Intentionen: Ausdauerleistungsfähigkeit entwickeln

Erwärmung — 10 Min.

Würfel dich frei! Jeweils zwei Fänger schlagen in einer begrenzten Zeit andere Schüler an, die dann zur *Würfelecke* laufen und sich mit einer 5 oder einer 6 wieder freiwürfeln können. Hat man beim Würfeln Pech, muss man auf einen anderen Schüler warten, der einen *miterlösen* kann.

Hauptteil — 25 Min.

Würfellauf. Schüler bilden Mannschaften zu je zwei oder drei Läufern und verteilen sich so an einem selbstgewählten Start- und Zielpunkt einer festgelegten Runde.

Aufgabe jeder Mannschaft ist es, eine bestimmte Anzahl von Runden zu laufen, wobei die zu laufende Rundenzahl jedes einzelnen Mannschaftsmitgliedes jeweils ausgewürfelt wird. Wenn nicht genügend Schaumstoffwürfel vorhanden sind, kann man auch kleine Brettspielwürfel verwenden oder eine zentrale Würfelstelle einrichten.

Die Gesamtzahl der zu laufenden Runden hängt von deren Streckenlänge ab. Geht man von einer Wettbewerbsdauer von etwa 12 Min. aus, dann kommen bei einer „Runden"-Größe von 8 x 15 m gut 50 Runden und mehr heraus.

Mit der Möglichkeit Gratis-Runden zu gewinnen lässt sich der Würfellauf noch interessanter gestalten. Solche Gewinnmöglichkeit könnte es alle fünf Runden geben. Z. B. kommt nach jeder fünften Runde ein Schüler zum Lehrer und darf würfeln. Hat er eine 5 oder 6, bekommt sein Team eine Runde erlassen.

Solche Erleichterungen könnte man auch laufschwächeren Teams zugestehen, es sei denn, man hat bei der Zusammenstellung schon auf eine entsprechende Leistungsdifferenzierung in den Teams geachtet.

Dauer des Laufes bzw. vorgegebene Rundenanzahl hängen vom Alter und der Leistungsfähigkeit ab

Ausklang — 10 Min.

Entspannen. Die Schüler legen sich auf den Rücken und sollen sich entspannen. Arme am Körper, tief und gleichmäßig durchatmen, Augen schließen. Jeder versucht eine Minute ruhig zu bleiben. Eine Kassette mit Entspannungsmusik kann die Entspannung erheblich unterstützen.

Dann darf ein Schüler aufstehen und seinerseits andere Mitschüler nacheinander und möglichst leise antippen und in die Umkleidekabine schicken. Die anderen Schüler bleiben solange mit geschlossenen Augen liegen, bis auch sie angetippt werden.

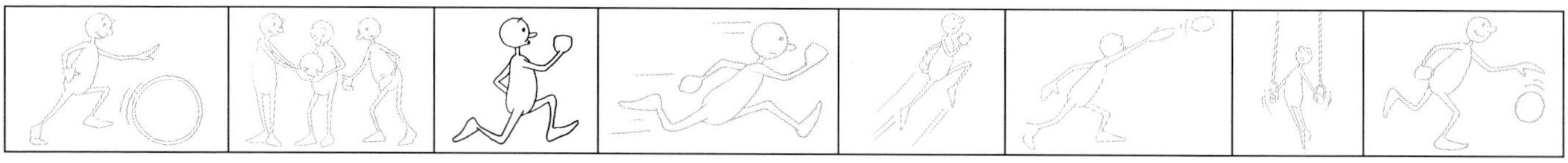

36. Stunde

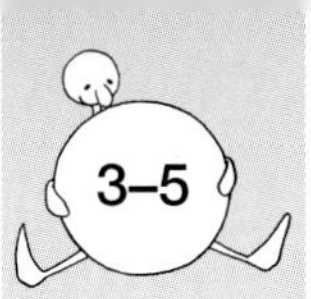

Parteibandstaffel

Intentionen: Schulung der Aktions- und Reaktionsfähigkeit

Erwärmung — 12 Min.

Parteibandfangen. Beim ersten Fangspiel sind zunächst zwei mit Parteibändern gekennzeichnete Läufer unterwegs, um andere Schüler abzuschlagen. Wenn man gefangen wird, erhält man ein Parteiband und wird ebenfalls zum Fänger, bis alle Schüler abgeschlagen sind. Wenn der Lehrer drei oder vier verschiedenfarbige Bänder in gleicher Anzahl ausgegeben hat, entstehen dementsprechend viele etwa gleichstarke Gruppen. Im Folgespiel hält nun der Lehrer ein farbiges Band hoch und macht damit die Gruppe dieser Farbe zu Fängern. Die Abgeschlagenen müssen pausieren, bis die nächste Farbe gezeigt wird.

Hauptteil — 25 Min.

Sprint-Abc-Übungen. Methodisch eigentlich noch zur Erwärmung, organisatorisch jedoch in den Hauptteil gehörend, stellen sich die Schüler in den bestehenden Gruppen als Staffeln für Übungen aus dem Sprint-Abc auf (s. St. 37):
- ▷ Hopserlauf
- ▷ Anfersen/Hacken an das Gesäß
- ▷ Seitgalopp
- ▷ Fußgelenksarbeit (koordinativ anspruchsvoll)
- ▷ Gymnastik im Gehen: Vorspreizen eines Beines in Hüfthöhe bei gleichzeitigem Wippen auf dem Standbein, Ausfallschritt, Tieffedern

Sprossenwand-Staffel. Die Gruppen nehmen nun vor einer Sprossenwand Aufstellung. Der jeweils Gruppenerste läuft dorthin, legt auf der untersten Sprosse sein Parteiband ab und gibt damit das Startzeichen für den nächsten Läufer, der dann sein Parteiband über die zweite Sprosse hängt usw. Anschließend holen sich die Schüler auf die gleiche Art und Weise ihre Bänder zurück.

Stern-Staffeln. Danach setzen sich die Riegen auf Bänke sternförmig um den Hallenmittelpunkt, wo sich dann verschiedene Wettbewerbe anbieten, die der Lehrer auf unterschiedliche Weise starten kann: Pfeifen, Flüstern, Farbkarten zeigen, mit dem Tamburin schlagen.
- ▷ Gruppen laufen gegeneinander eine oder mehrere Runden
- ▷ Einzelne Mannschaften laufen auf Zeit
- ▷ Nummernwettlauf: Es läuft z.B. jeder Vierte einer Gruppe

Ausklang — 8 Min.

Krebs oder Kranich. Die Schüler stehen, sitzen oder liegen sich in zwei Reihen an der Mittellinie als Mannschaften *Krebs* und *Kranich* gegenüber. Wenn der Lehrer einen von beiden Tiernamen ruft, muss die genannte Mannschaft die andere bis zur Hallenwand verfolgen und versuchen Schüler abzuschlagen. Gefangene *Tiere* wechseln die Mannschaft.

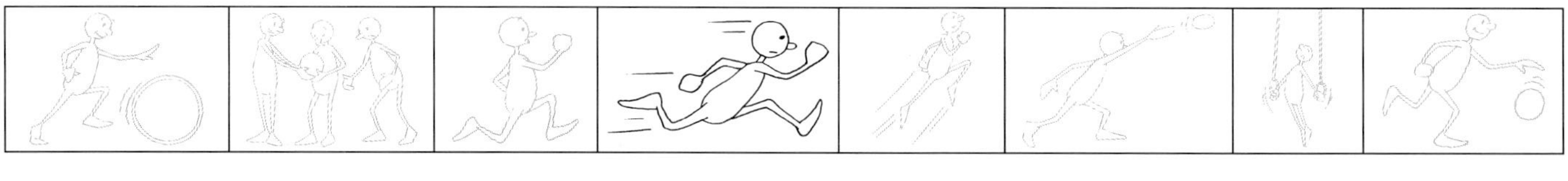

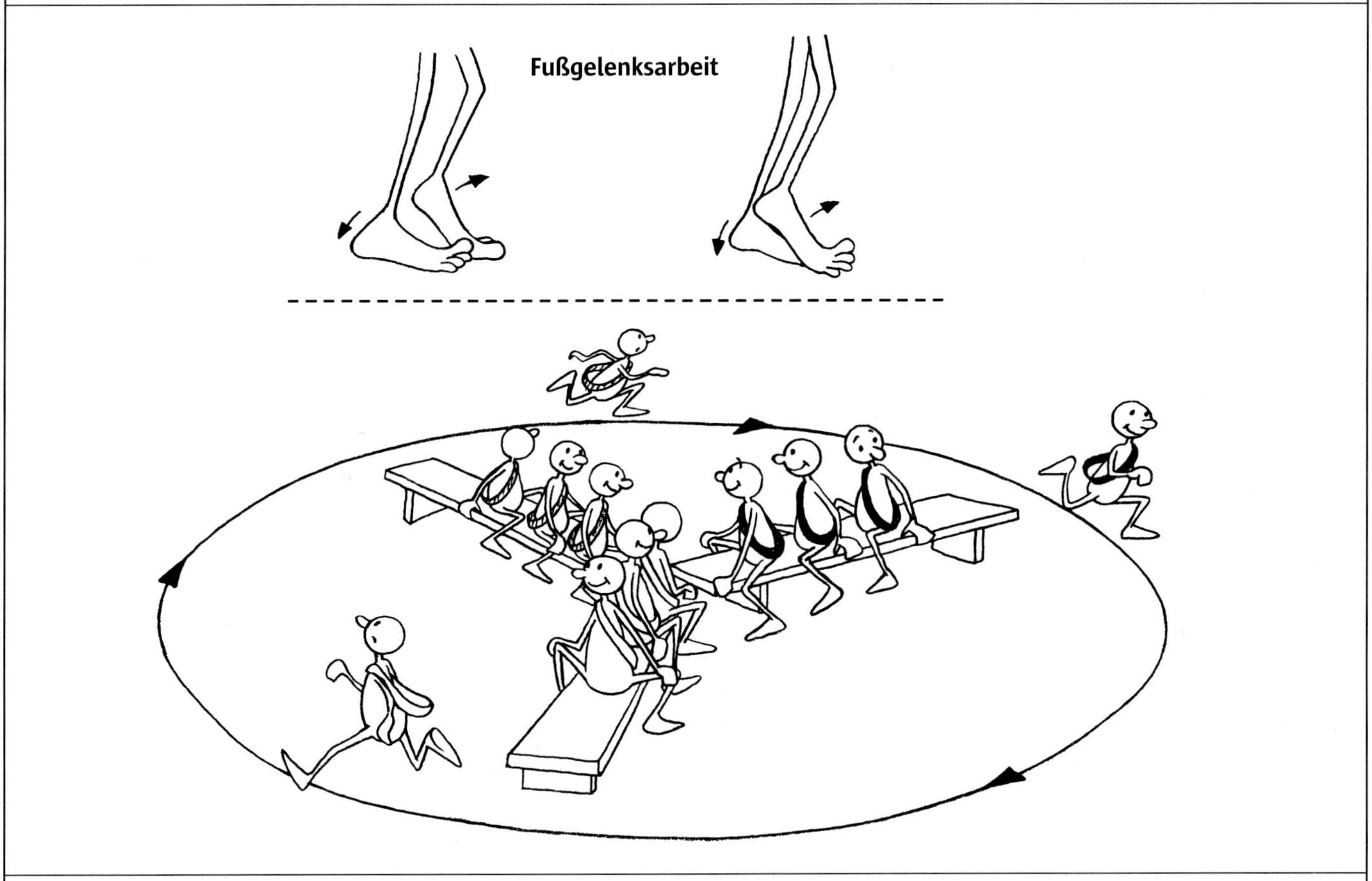
Fußgelenksarbeit

Krebs
Kranich
Krebs

Platzwechselläufe

Intentionen: Reaktionsschnelligkeit verbessern

Erwärmung — 10 Min.

Sprint-Abc. Das Sprint-Abc wird am besten paarweise auf einer Länge von etwa 15 m durchgeführt:
- ▷ Hopserlauf – *Schwingt die Arme mit!*
- ▷ Anfersen – *Die Hacken trommeln auf dem Popo!*
- ▷ Fußgelenksarbeit
- ▷ Seitgalopp
- ▷ Kurze Steigerungsläufe

Gymnastik bzw. Dehnung.
- ▷ **Im Gehen:** Vorspreizen / Ausfallschritt / Abbeugen des Oberkörpers im rechten Winkel zu den durchgedrückten Beinen (Füße stehen hintereinander) / Armkreisen
- ▷ **Zum Abschluss im Stand:** *Wer trommelt schneller?*

Hauptteil — 25 Min.

Platzwechselläufe. Die Schüler sollen auf verschiedene optische und akustische Signale reagieren und mit kurzen Sprints ihren Platz wechseln.

Auf ein Zeichen. Der Lehrer begibt sich zunächst jeweils an einen anderen Ort in der Halle. Auf ein vorher vereinbartes – evtl. an die Tafel geschriebenes – Zeichen sprintet eine bestimmte Schülergruppe zu ihm und setzt sich:
- ▷ Rechter Arm gestreckt nach oben – Mädchen sprinten
- ▷ Linker Arm gestreckt nach oben – Jungen sprinten
- ▷ Beide Arme gestreckt nach oben und Monatszahl, die an die Tafel geschrieben oder auf einem Pappkärtchen gezeigt wird – Schüler mit diesem Geburtsmonat sprinten
- ▷ Wie gehabt, diesmal jedoch werden verschiedene Buchstaben gezeigt – Anfangsbuchstaben des Vornamens

Nach Farben. Fünf Punkte – mit Farbbezeichnungen – werden in der Halle festgelegt.
Zu den fünf Punkten verteilen sich ebenso viele Gruppen. Nach einem Zeichen tauschen die Gruppen nun schnell ihren Standort, z. B. wie folgt:
- ▷ Der Lehrer klatscht in die Hände und ruft: *Rot – Blau*
- ▷ Der Lehrer flüstert oder formt mit den Lippen: *Blau – Gelb* usw.

Alle Schüler kommen an einem Punkt zusammen und der Lehrer ruft z.B.:
- ▷ *Alle, die etwas Schwarzes tragen, laufen zu Rot, dann zu Gelb und wieder zurück!*
- ▷ *Alle mit einer geraden Geburtstagszahl laufen dreimal zu Blau (hin und zurück)!*

Ausklang — 10 Min.

Abholstaffel. Für einen mäßigen konditionellen Anspruch nimmt man für die *Abholstaffel* nur kurze Distanzen (etwa 12 m). Die vier oder fünf Riegen teilen sich noch einmal und stehen Mitspielern in der genannten Entfernung gegenüber. Vorn stehen jeweils die laufstärkeren Schüler. Nach dem Start holt der Erste sein Gegenüber ab, beide dann wiederum den Nächsten von der Startseite usw., wobei sich die Läufer stets an den Händen fassen müssen.

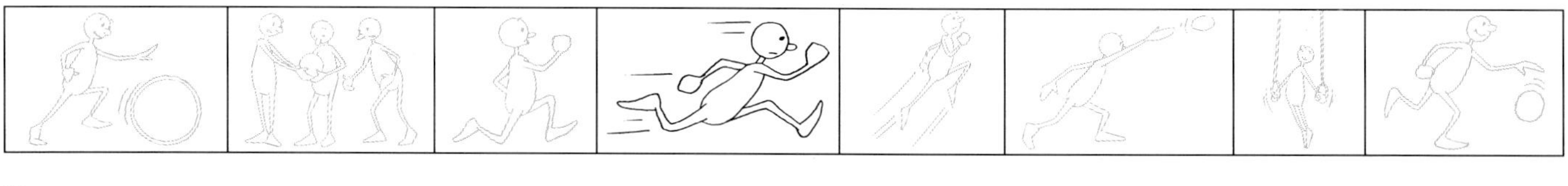

6
ROT!
BLAU!

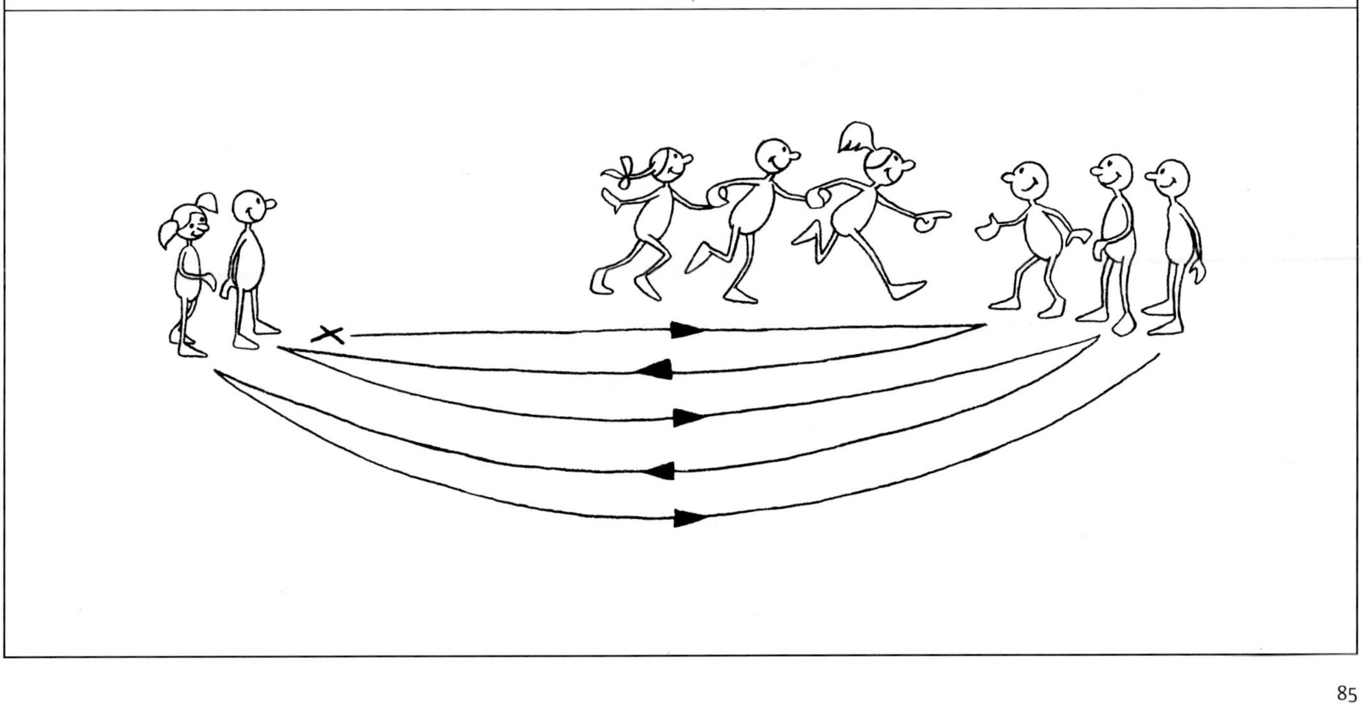

Nummernwettläufe

Intentionen: Reaktions- und Beschleunigungsfähigkeit verbessern

Erwärmung — 13 Min.

Wagenrennen. Es werden Stoff-Springseile und Teppichfliesen benötigt. Drei Schüler finden sich und probieren zunächst allerlei Rutsch-, Schiebe- und Ziehbewegungen auf einer Fliese aus (s. St. 2). Dann legen sie fest, wer als erster *Kutscher* ist und wer ein *Pferd*. Der *Kutscher* nimmt im Schneidersitz auf der Fliese Platz. Die *Pferde* ziehen ihn mit Hilfe des Seils, das sie an den Enden festhalten. So bewegen sich die Trios anfangs im Schritttempo innerhalb eines markierter Rundkurses. Auf ein Zeichen des Lehrers *fahren* alle auf eben diesen Rundkurs und nach einem weiteren Zeichen ist der Start freigegeben. Die Gruppen versuchen, innerhalb von 4 Min. möglichst viele Markierungen (Pylonen) zu passieren, die alle 6–10 m auf dem Rundkurs verteilt sind.
Achtung: Nach drei Markierungen wird die Position gewechselt.

Hauptteil — 25 Min.

Nummernwettläufe. Da diese Wettläufe stärker wettbewerbsorientiert sind, sollen zusätzliche Geschicklichkeitsaufgaben die Erfolgsaussichten der Sprintschwächeren erhöhen. Jeder kann Punkte auf seinem persönlichen Konto sammeln, denn die Mannschaften werden gewechselt.

▹ Fünf Bänke stehen sternenförmig zusammen. Rittlings nehmen fünf Riegen darauf Platz; von innen nach außen wird durchnummeriert. Nach Aufruf einer Zahl (oder zweier Zahlen) stehen die betreffenden Schüler auf, berühren das Ende ihrer Bank, laufen eine (oder mehrere) Runden, berühren wieder das Ende ihrer Bank und nehmen sich ein Seil. Nach zehn Seildurchschlägen setzen sie sich schnell auf ihren Platz zurück. Erst dann wird gewertet.

Für den Mannschaftswechsel:
Alle Einsen, alle Zweien ... bilden eine neue Riege!

▹ Die Bänke stehen längs nebeneinander, etwa 10 m vor den Sprossenwänden. Diesmal müssen die aufgerufenen *Nummern* zur Sprossenwand rennen, hinaufklettern und über der letzten Sprosse die Wand berühren. Wieder unten angekommen, müssen sie den Weg zurück auf einer Fliese antreten – mit Arm- und Körpereinsatz.

▹ Nach dem erneuten Mannschaftswechsel hocken die Schüler jeweils neben ihren Bänken in Tiefstart-Position – leicht versetzt hintereinander. Auf das Kommando *Fertig!* heben alle Schüler ihr Gesäß, als ob sie starten wollten. Aber nur der Schüler, dessen Nummer genannt wird, läuft wirklich – bis zur Sprossenwand. Dort antippen, zurück bis zur Bank und zehn Seildurchschläge – diesmal rückwärts.

Ausklang — 8 Min.

Fliesenfänger. Ein Schüler rutscht als *Fliesenfänger* mit einem Bein auf der Fliese (mit dem anderen sich abstoßend) durch die Halle. Er schlägt andere Schüler, die ebenso unterwegs sind, ab. Wer getroffen ist, wird neuer Fänger.

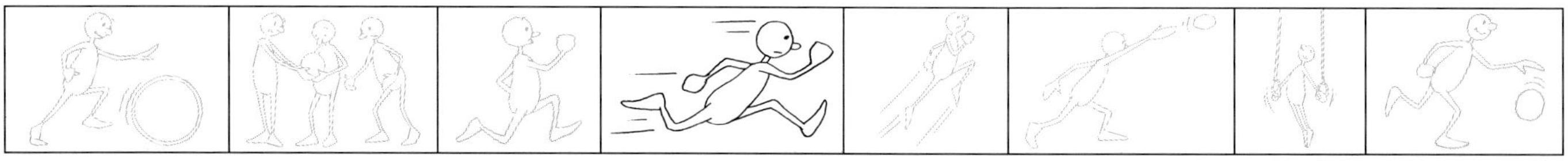

39. Stunde

Sprints aus verschiedenen Ausgangslagen

Intentionen: Reaktions- und Beschleunigungsfähigkeit verbessern

Erwärmung **7 Min.**

Pestbeulen. Zwei Schüler haben als *Pestbeulen* die Aufgabe die *Pest* zu verbreiten, indem sie andere Schüler berühren. Passiert dies, ist zugleich ihre *Pestbeule* geheilt. Der *Pest*-Gefahr kann man entrinnen, wenn sich zwei Flüchtende *Huckepack* nehmen.

Hauptteil **25 Min.**

Reagieren in allen Lagen. Alle Schüler sind in der Halle verteilt. Jeweils auf Handklatsch des Lehrers erfüllen sie bestimmte Aufgaben aus verschiedenen Ausgangspositionen:
▷ Aus der Bauchlage – in den Stand und mit den Beinen trommeln
▷ Aus der Rückenlage – zehn Hock-Streck-Sprünge
▷ Aus dem Schneidersitz – mit Partner im Kreis drehen (Handfassung)

Sprints aus allen Positionen. Startzeichen ist ein auf dem Boden auftippender Ball. Die Schüler sprinten dann in Vierergruppen über ein oder zwei Bahnen (15–20 m):
▷ Aus der Kauerstellung (ganz zusammengerollt)
▷ Aus dem Kopfstand
▷ Aus dem Liegestütz oder aus dem Hockstand

Variation: Zusätzliche Transportaufgaben erhöhen den Reiz des Laufens. So könnte z.B. die erste Läufergruppe an der Hälfte der Strecke einen Staffelstab oder ein Farbband ablegen, das die Schüler der zweiten Gruppe zurückbringen.

Sprints zu zweit. Beim nächsten Sprint über die gleiche Strecke sind Paare unterwegs, die vor dem Start:
▷ Einander Huckepack nehmen
▷ *Schubkarre* fahren
▷ Zueinander im Grätschsitz sitzen und sich an den Händen fassen
▷ Rücken an Rücken – Arme eingehakt – in die Kniebeuge gehen

Trabrennen. Dreiergruppen stellen sich hintereinander auf. Der Abstand zwischen ihnen wird jeweils durch Springseile bestimmt, die sie festhalten. In dieser Formation beginnen sie auf einer Runde zu traben. Wenn der Sportlehrer z. B. zwei Vornamen ruft, lassen die entsprechenden Mannschaften ihr Seil los und versuchen, als Erste (nach 1 oder 2 Runden) im Ziel zu sein, während die anderen ruhig weitertraben.

Ausklang **13 Min.**

Todesspirale. Dieses Spiel mit den Fliehkräften ist für viele noch ungewohnt. Die ganze Klasse bildet eine lange Schlange; die Schüler fassen sich untereinander an den Händen. Bemerkung des Sportlehrers: *Die Mutigsten stellen sich hinten an!*
Der Sportlehrer sollte beim ersten Lauf der *Todesspirale* der Kopf der Schlange sein. Er läuft langsam los, ändert dabei häufig seine Richtung und zieht den Rest der Schlange hinter sich her. Dann läuft er weiträumig in die Spirale ein, bis die Kreise immer enger werden. Noch bevor die Schüler zum Stillstand kommen, kehrt der Sportlehrer um und läuft die Spirale wieder nach außen. *Vorsicht: Lasst die Hände nicht los!*

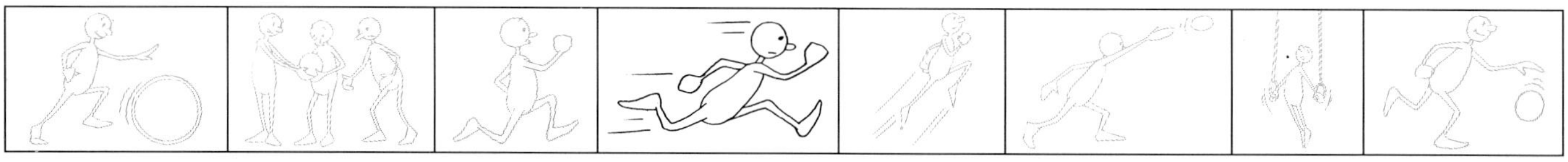

Vielseitiges Springen

Intentionen: Bewegungserfahrungen sammeln

Geräteaufbau und Erwärmung — 15 Min.

Geräteaufbau. *Welche Turngeräte eignen sich am besten, um die unterschiedlichsten Sprünge zu machen?* So ähnlich könnte die Eingangsfrage lauten, die mit den Schülern zu Stundenbeginn besprochen wird. Als Hilfe kann der Lehrer eine Geräteauswahl an der Tafel vorgeben, auf die man sich beschränken muss. Die Vorschläge werden wiederum an der Tafel gesammelt und anschließend von den jeweiligen Schülern in Dreiergruppen umgesetzt. Der Lehrer berät und ergänzt evtl., sodass ein Parcours aus folgenden Geräten an etwa fünf Stationen entsteht:
Matten, Weichboden, kleine Kästen, Kastenoberteile, Reifen, Bänke, evtl. Tau

Feuer, Wasser, Sturm. Mit diesem Spiel können die Schüler den Parcours erstmals testen. Die letzten drei *Mustöpfe* müssen jeweils eine Übung nennen, die die anderen nachmachen: Kniebeuge, Hopsen auf der Stelle usw.

Hauptteil — 25 Min.

Sprung-Parcours. Beim ersten regulären Durchgang haben die Gruppen die Aufgabe, alle Stationen zu durchlaufen – Wechsel nach 1 Min. – und überall möglichst viele Sprung-Variationen auszuprobieren. In der folgenden „Beratung“ tauschen sich die Schüler über Sprung-Erfahrungen aus und regen evtl. bestimmte Änderungen an den Gerätekombinationen an. Danach folgt ein zweiter Durchgang, in dem die Schüler erneut, jedoch gezielter vielfältig springen. Der Lehrer berät und korrigiert, wenn erforderlich.

Zwei Gruppen. In der nächsten Phase konzentrieren sich die Schüler – eingeteilt in zwei Gruppen – auf Standsprünge, die sie vom Kastenoberteil bzw. vom kleinen Kasten auf den Weichboden ausführen.
Bei einbeinigen, beidbeinigen, hohen und weiten Sprüngen (auch mal seitwärts und mit Drehungen), sollen sie die Veränderungen bei Absprungart, Flugverhalten und Landung spüren.

Drei Gruppen. Dann werden die Geräte so angeordnet, dass die Schüler – diesmal in drei Gruppen – in kombinierter Form springen können. Zum Beispiel:
- Anlauf – Schrittsprung vom Kastenoberteil auf den Weichboden
- Sprunglauf über vier quer gelegte Matten, zwischen denen jeweils ein Reifen liegt
- Anlauf auf der Bank – Sprünge über vier kleine Kästen

Auch hier sollen die Schüler durch Veränderungen beispielsweise der Lage und des Abstandes der Reifen, Matten und Kästen zu anderen Sprungformen herausgefordert werden.

Ausklang — 5 Min.

Sprung aus den Wolken. Hier wird die Weichbodenmatte direkt vor die Sprossenwand gelegt und am besten mit einem Läufer abgedeckt. Jeder springt ein- oder zweimal von einer selbst gewählten Höhe auf den Weichboden. Dann werden die Augen verbunden …

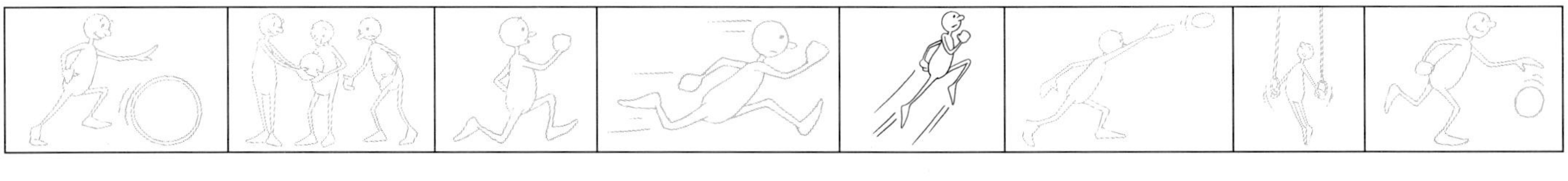

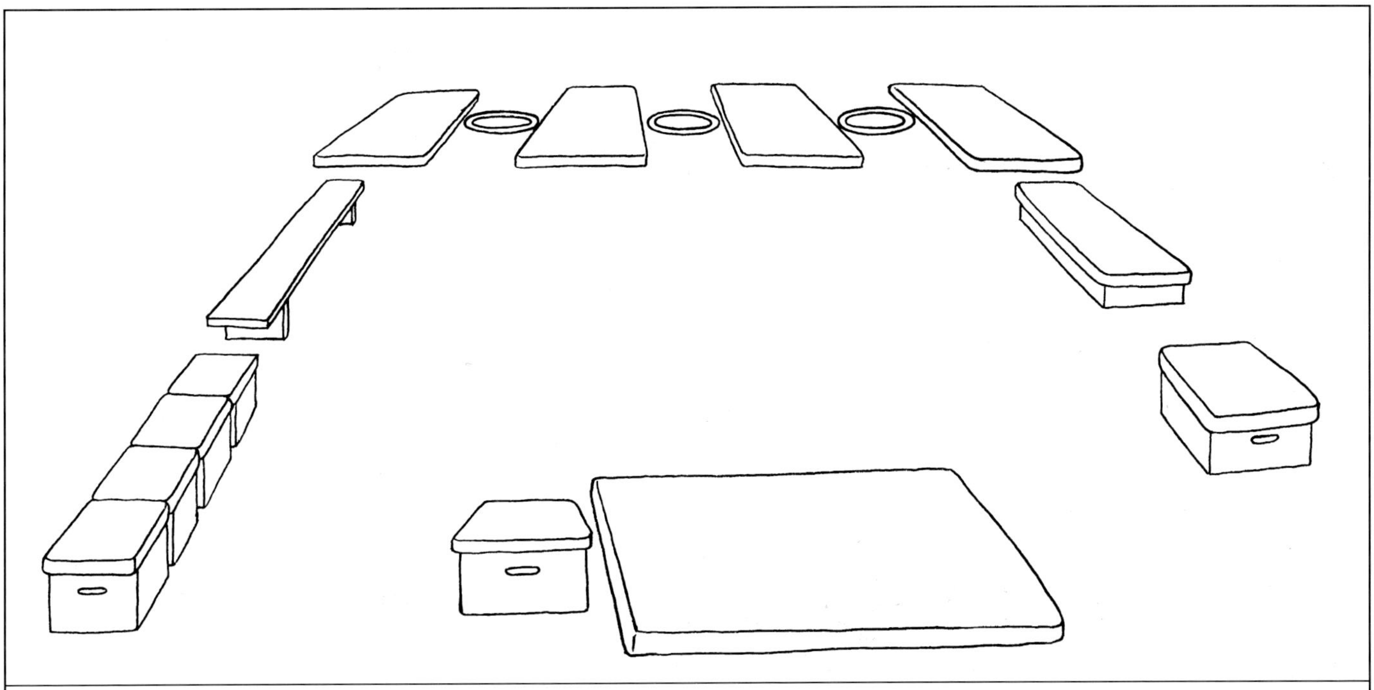

41. Stunde

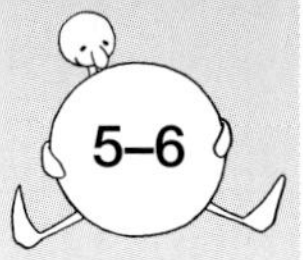

Rhythmisches Anlaufen

Intentionen: Schulung der Anlaufgenauigkeit

Erwärmung **7 Min.**

Zeitungsträger. Ein Schüler läuft mit einem Zeitungsblatt vor der Brust und schlägt andere Schüler ab. Das Fangrecht erlischt, wenn die Zeitung herunterfällt. Abgeschlagene Schüler nehmen sich ebenfalls ein Blatt und fangen mit.

Hauptteil **28 Min.**

Rhythmisches Anlaufen. Rhythmuswechsel erfahren und ein Sprunggefühl entwickeln können die Schüler bei einer kleinen Vorübung. Sie stellen sich dazu an einer Hallenseite auf. Der Lehrer fordert sie dazu auf, in Wechselsprüngen zur anderen Seite zu gelangen, wobei er den Schrittrhythmus vorgibt:
- *Links – links – rechts – rechts – links – links*
- *Rechts – links – links – rechts – links – links* usw.

Mit Reifen oder Fahrradmänteln. Als Nächstes werden Reifen benötigt. Noch besser sind ausgediente Fahrradmäntel, da diese nicht so leicht wegrutschen können. Um eine gewisse Bewegungsintensität und auch Differenzierungsmöglichkeiten sicherzustellen, sollten nun mindestens drei Gruppen parallel üben. Die Reifen werden zunächst ganz eng hintereinandergelegt. Die Aufgaben heißen:
- *Macht möglichst viele Schritte, wenn ihr durch die Reifen lauft!*
- *Kommt mit zwei Bodenberührungen pro Reifen aus!*
- *Macht einen Schritt von Reifen zu Reifen!*

Größere Abstände. Jetzt werden die Abstände soweit vergrößert, dass die Schüler jeweils den nächsten Reifen noch mit einem Schritt erreichen. Das ist auch die Gelegenheit für die Schüler, sich nun der Riege zuzuordnen, in der sie den passenden Abstand für sich finden.
- *Gelingt es euch, große Schritte zu machen ohne zu springen?*

Optimaler Reifenabstand. Jetzt sollen die Schüler den für sie optimalen Reifenabstand herausfinden, der ihnen ein gleichmäßiges, zügiges Laufen ermöglicht.
- *Lauft schnell durch die Reifen und nehmt den Blick von der Bahn!*
- *Macht ein paar schnelle Läufe neben der Reifenbahn und beobachtet euch gegenseitig, ob die Schrittfolge in Reifenhöhe bleibt!*

Mit Fliesen. Als weitere Übungsmöglichkeit können im Übrigen auch Fliesen (Gummierung nach unten) in den entsprechenden Abständen eingesetzt werden.

Steigerungsläufe allein und zu zweit auf einer Bahn (am besten im Freien oder auf einer Hallendiagonalen) bilden den Abschluss.
- *Macht gleichmäßige Schritte, als ob ihr in Reifen lauft! Blick geradeaus!*

Ausklang **10 Min.**

Inselhoppen. Etwa sechs Reifen werden zu Inseln, auf die man einzeln flüchten kann, um sich vor einem – indirekten – Abwurf vor einem Jäger zu schützen. Dies ist jedoch nur sehr kurz möglich, d. h. so lange, wie der Jäger für das Umdribbeln des Reifens benötigt. Der Getroffene wird neuer Jäger.

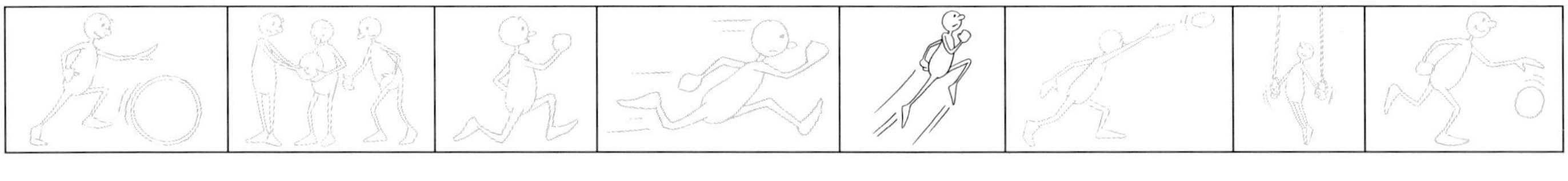

42. Stunde

3–6

Gezielt springen

Intentionen: Absprungverhalten verbessern

Erwärmung **7 Min.**

Stop and go. Die Schüler laufen in gemäßigtem Tempo mit Musik- oder Tamburinbegleitung einen Viereckskurs (etwa 12x 12m). Nach etwa 30Sek. gibt es für jeweils eine Gerade einen Stopp, bei dem dann Hopserlauf / Entengang / Kniehebellauf / Sprunglauf / Einbeinhüpfen / Fußgelenksarbeit / kurzes Sprinten u.Ä. durchgeführt wird.

Hauptteil **30 Min.**

Ziel- und Zonenspringen. Vor allem wegen des geringeren organisatorischen Aufwandes, lässt sich das Ziel- und Zonenspringen sehr gut im Freien an einer Weitsprunganlage organisieren. Aber auch die Turnhalle bietet einige Möglichkeiten.

Zur Eingewöhnung paarweise Sprünge mit etwa acht Schritten Anlauf auf die Niedersprungmatte oder den abgedeckten Weichboden mit unterschiedlicher Landung: auf dem Sprungbein / auf dem Schwungbein / beidbeinig.

Zusatz-Sprungaufgaben auf dem Rückweg. Links und rechts werden Bänke aufgestellt, an denen die Schüler verschiedene Zusatz-Sprungaufgaben erfüllen: Hockwenden, ein- und beidbeinige Auf- und Absprünge u.Ä.

Mehrfache Sprünge. Auf der gleichen Bahn von 5, 8 und 12 m Entfernung:
▹ *Mit wie vielen Lauf-Sprüngen könnt ihr die Matte/Grube erreichen?*
Nach zwei oder drei Durchgängen wird die Aufgabe umgestellt.
▹ *Probiert einen Fünfer- und danach einen Zehnerhop erst mit dem linken, dann mit dem rechten Bein! Wie viele Meter schafft ihr jeweils?*
Vom Startpunkt wird dazu ein Bandmaß ausgelegt.

Ziel- und Zonenspringen. Als Nächstes wird die Landematte beispielsweise mit Sprungseilen in 40 cm lange Zonen eingeteilt – von Null bis etwa 4,00 m.
▹ *Versucht – soweit ihr könnt – einmal in jede Zone zu springen!*
Danach gibt der Lehrer die zu erreichende Zone vor, die natürlich dem einzelnen Sprungvermögen angepasst sein muss.
Bei der abschließenden Übung werden zwei Reifen oder Fahrraddecken auf die Matte gelegt, deren Position nach jedem Durchgang verändert wird.
▹ *Einen von beiden Reifen müsst ihr treffen!*

Mit Ball. Eine spielerische, aber koordinativ-anspruchsvolle Zusatzaufgabe stellt sich einem Schüler, wenn er nach dem Absprung einen Ball fangen muss, den ihm der Lehrer von der Matte aus zuspielt.

Ausklang **8 Min.**

Abtupfen. Zwei *Jäger* haben einen Softball und müssen damit andere Schüler berühren oder *abtupfen*. Man darf aber mit dem Ball nur zwei Schritte laufen, d.h. man muss sich als Fänger ohne Ball in eine günstige Position bringen. Jeder *abgetupfte* Spieler gehört zum Fängerteam. Beginnen sollten zwei geschickte und wurfgeübte Schüler. Für die anderen erfordert das Spiel ein wenig Übung.

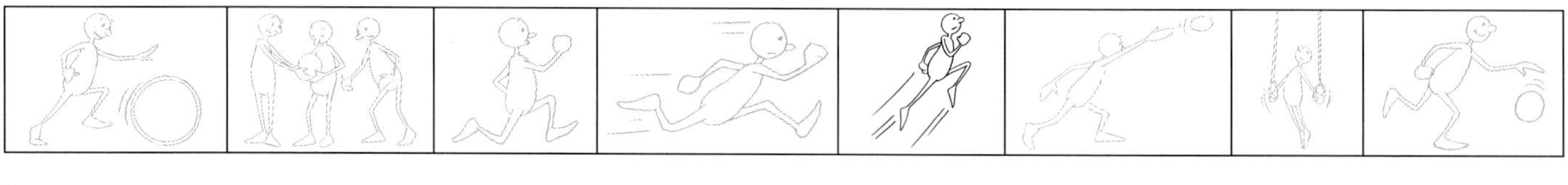

Hochsprung-Garten

Intentionen: Vorübungen zum Schersprung

Erwärmung — 8 Min.

Kastenstaffel. Neun Kastenzwischenteile werden seitkant so angeordnet, dass drei Reihen mit je drei Hindernissen einen Sprunggarten bilden. Drei Gruppen stellen sich jeweils im Abstand von etwa 7 m vor einer Reihe auf und führen – ähnlich einem Staffelbetrieb – folgende Wettbewerbe durch:

- Die Kastenteile im Slalom umlaufen
- Jeweils bis vor ein Kastenteil laufen und es danach übersteigen
- Überspringen, hindurchkriechen und wieder überspringen
- Bis zum Ende der Reihe laufen und die Kastenteile auf dem Rückweg überspringen

Hauptteil — 30 Min.

Hochsprung-Garten. Aus der gleichen Ausgangssituation überwinden nun die Schüler die Hindernisse des Hochsprung-Gartens:

- Einbeiniger Absprung – Landung auf dem Schwungbein
  Macht einen Schritt!
- Wechsel des Sprungbeins
- Hindernisse diagonal überqueren (zwei Gruppen)
- Mit drei Schritten und – nachdem die Kastenteile etwas zusammengerückt wurden – mit einem Schritt zwischen den Hindernissen

Mit fünf Bänken. Der Übungsstrom wird bewegungsintensiver, wenn fünf Bänke so aufgestellt werden, dass ein fortlaufendes Überqueren mit einem Zwischenschritt möglich ist und beide Beine als mögliche Sprungbeine ausprobiert werden können.

Mit Zauberschnur. Als weitere Vorübung gilt das wechselseitige Überscheren einer langen Zauberschnur, die etwa in Kniehöhe von zwei Schülern gehalten wird. Mit einer zweiten Zauberschnur kann man den Rückweg bewegungsintensiver gestalten.

An der Hochsprunganlage. Abschließend springen die Schüler an einer Hochsprunganlage, wobei die Zauberschnur einer Differenzierung wegen schräg gespannt werden sollte. Die Schüler überscheren die Schnur in der für sie angemessenen Höhe und betonen ein weitgehend gestrecktes Schwungbein über der Zauberschnur.

Zusatzaufgabe. Es ist sinnvoll, wenn Kastenteile oder Bänke bis dahin noch stehenblieben, um die wartenden Schüler beschäftigen zu können.

Mit zweiter Zauberschnur. Für die letzten Durchgänge wird eine zweite Zauberschnur etwa 1 m über der ersten gespannt, sodass man wie durch ein Fenster springt.

Ausklang — 7 Min.

Hinkebein-Fangen. Alle Schüler haben nur einen Turnschuh an – am Fuß des Sprungbeins. So ergibt sich ein Hinkelauf mit größerem Schritt von Sprung- zum Schwungbein, wenn alle vor dem Fänger (oder auch mehreren) weglaufen. Wer abgeschlagen wird, zieht sich seinen zweiten Schuh an, erfüllt eine Bewegungsaufgabe (z. B. zehn Hock-Streck-Sprünge) und darf dann – wiederum nur mit einem Schuh – erneut mitspielen.

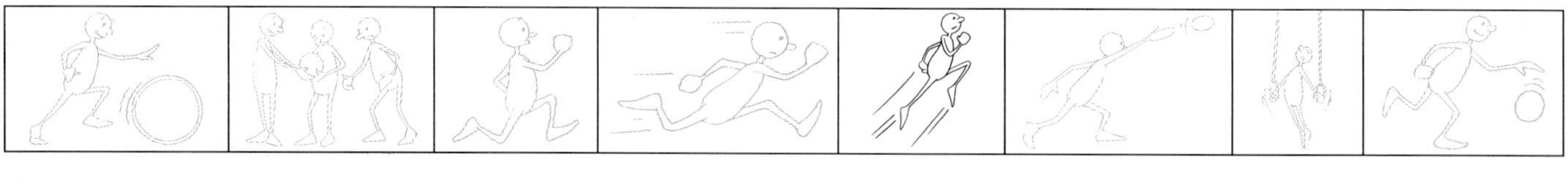

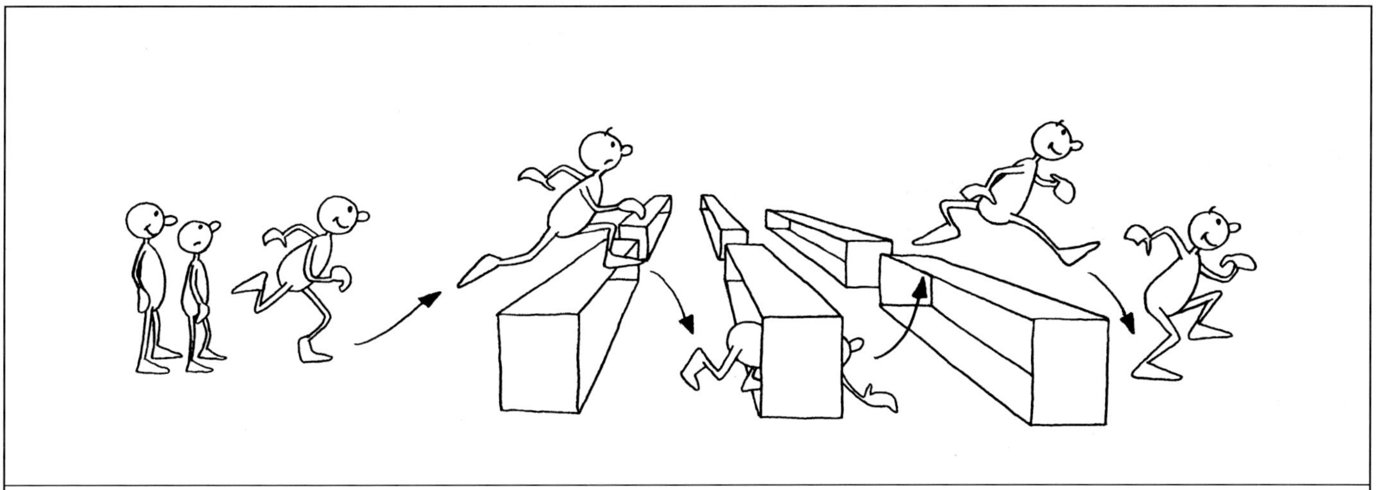

Sprünge über die Kastentreppe

Intentionen: Verbesserung des Schwungbeineinsatzes

Geräteaufbau und Erwärmung **10 Min.**

Geräteaufbau. Es werden zunächst zwei Weichböden und zwei Turnmatten benötigt sowie zwei Sprungbretter, die für das Spiel allerdings noch beiseite gestellt werden.

Virus. Im Unterschied zur Beschreibung in Stunde 15 wird das Krankenlager auf alle Matten erweitert.

Gymnastik für Fuß-, Knie- und Hüftgelenke

Hauptteil **25 Min.**

Sprung-Vorübungen. Im Strom springen die Schüler auf dem Hin- und Rückweg mit sechs bis acht Schritten Anlauf vom Sprungbrett auf zwei quer übereinander liegende Weichböden und landen auf dem Schwungbein (etwa fünf Durchgänge).

Unterrichtsgespräch und Umbau. Nachdem in einem kurzen Unterrichtsgespräch die Bewegungsmerkmale festgehalten wurden, wird ein Sprungbrett durch eine Kastentreppe ersetzt – bestehend aus Kastenoberteil, kleinem Kasten und einem 2- oder 3-teiligen Kasten. Kastenzwischenteile dienen als Abstandshalter.

Sprünge über die Kastentreppe.
- ▷ **Von der obersten Stufe** der Kastentreppe machen die Schüler *einen großen Schritt* und landen beidbeinig auf dem Weichboden. Im Gegenstrom wird der gleiche Sprung wie bisher vom Sprungbrett ausgeführt. Mit nur einem Weichboden wird die Landefläche danach niedriger.
- ▷ **Von der zweiten Stufe** springen die Schüler ab, über den 2- oder 3-teiligen Kasten (kann je nach den Fähigkeiten auch höher oder niedriger sein), landen auf dem Schwungbein und laufen weiter. Weichbodenauflage hier nicht vergessen! Später landen die Schüler beidbeinig. Beim Rückweg wird erneut vom Sprungbrett abgesprungen. Diesmal aber versuchen die Schüler einmal in der Hocke oder im Liegen auf der Matte zu landen.
- ▷ **Abschlussdurchgänge** werden mit dem Sprungbrett bzw. in der Gegenrichtung vom markierten Hallenboden aus durchgeführt. Die Schüler machen einen Schrittweitsprung und landen beidbeinig auf der Matte. Für das weite Nach-vorn-oben-Führen des Schwungbeines muss dabei ein Schaumstoffwürfel o. Ä. übersprungen werden, der am Anfang des Weichbodens liegt.

Ausklang **10 Min.**

Hohe Mauer. Die beiden Weichböden werden seitkant aneinander in der Mitte zur *Hohen Mauer* gestellt. Sie teilen das Feld in zwei Spielhälften und werden am besten durch große Kästen gehalten. Zwei Mannschaften stehen sich gegenüber und versuchen einen Softball – später auch zwei oder drei – so zu werfen, dass er im gegnerischen Spielfeld den Boden berührt. Um das zu verhindern, müssen die Bälle gefangen oder mit der Faust weggeschlagen werden.

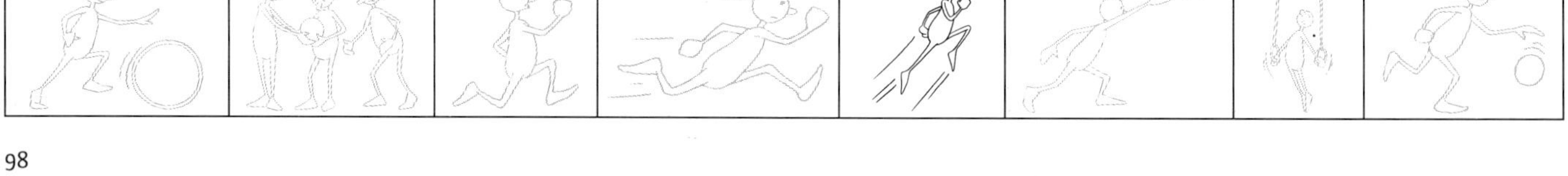

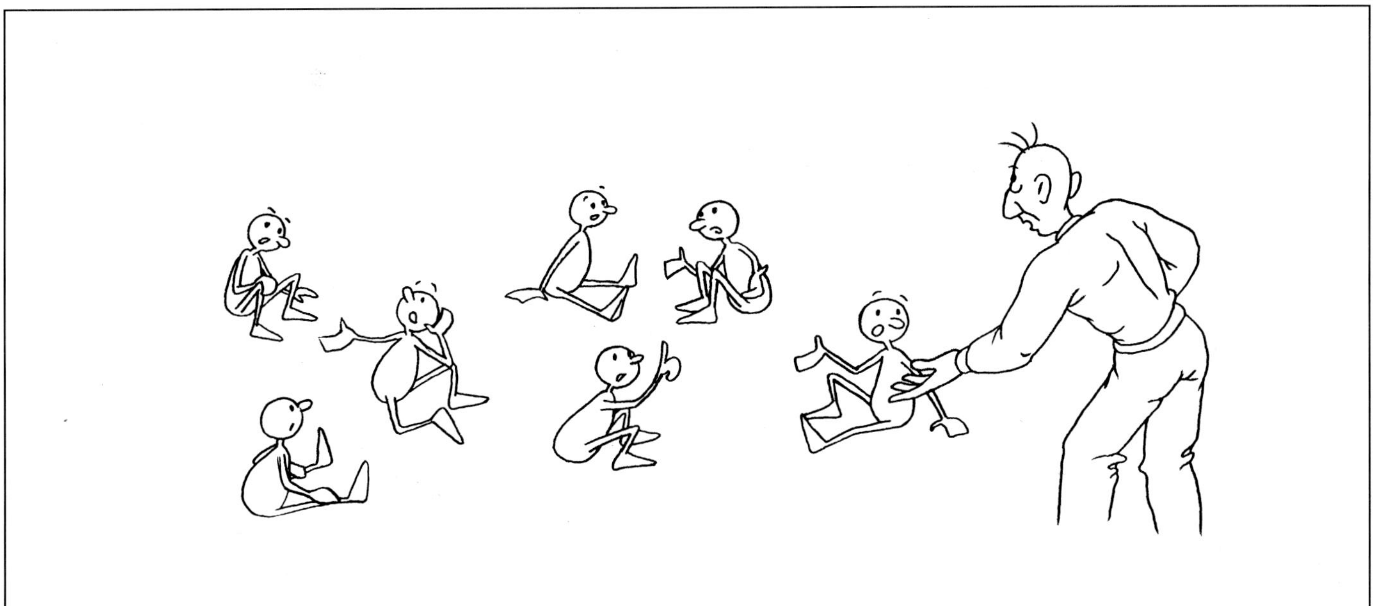

45. Stunde

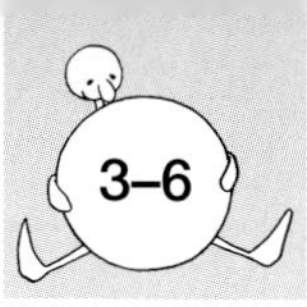

Treffgelegenheiten

Intentionen: Entwicklung der Wurfgewandtheit

Erwärmung — 10 Min.

Wurfübungen. Unterschiedliche Bälle wie Schaumstoffbälle, Gymnastikbälle, kleine Medizinbälle, evtl. Tennisbälle, Basketbälle liegen im Ballwagen bereit. Die Schüler erhalten die Aufgabe, sich zunächst einen Ball auszusuchen und – verteilt in der Halle – Verschiedenes auszuprobieren:

- ▷ Hochwerfen und fangen
- ▷ Vor dem Fangen dreimal in die Hände klatschen, sich hinsetzen und wieder aufstehen, einmal um die eigene Achse drehen
- ▷ Mit der linken Hand, mit der rechten und beidarmig rollen
- ▷ Was den Schülern noch selbst einfällt

Nach einem Zeichen des Lehrers holen sich die Schüler möglichst einen anderen Ball aus dem Wagen und versuchen die Übungen erneut.

Hauptteil — 25 Min.

Zielwerfen an sieben Stationen. Es werden sieben Stationen aufgebaut, die nach etwa zweieinhalb Minuten auf ein Zeichen des Lehrers (Musik, Pfiff o. Ä.) wie im Riegenbetrieb gewechselt werden. Die Wurfabstände sind in Abhängigkeit vom Alter und dem zur Verfügung stehenden Raum zu wählen.

1. **Rollender Medizinball:** Ein von zwei Schülern hin- und hergerollter Medizinball muss mit einem kleinen Medizinball getroffen werden.
2. **Karos:** Mit Kreide werden vier bis sechs Karos (etwa 30 x 30 cm) an die Wand gezeichnet, in die je einmal mit einem Schaumstoffball getroffen werden muss.
3. **Hütchen:** Mit einem Handball zu treffen sind fünf auf einem Kasten stehende Hütchen.
4. **Reifen:** An der Latte eines Tores oder zwischen den Kletterstangen sind zwei Reifen mit Springseilen befestigt, durch die man mit einem Basketball treffen muss.
5. **Medizinball auf Bock:** Ebenfalls mit einem Basketball geht es gegen einen auf einem Bock liegenden Medizinball.
6. **Farbbänder:** An den Ringen oder hochgebundenen Tauen (die eventuell zum Schwingen gebracht werden) sind Farbbänder o. Ä. befestigt.
7. **Dosen:** Mit Tennisbällen soll eine Dose getroffen werden, die in einem hochgestellten kleinen Kasten (auf einer Bank oder einem Kasten) steht.

Ausklang — 10 Min.

Brennball. Einige der zuvor aufgebauten Stationen werden als *Brennmale* genutzt. Es bieten sich die Stationen 2 und 4 an, da sie die Bewegungsfreiheit in der Halle nicht einschränken. Wird dort von der *Brenner*-Mannschaft oder dem *Brenner* ein Treffer erzielt, gilt für die *Läufer*: *Stopp!* Entweder haben sie sich in diesem Moment auf eine *Malstation* (Turnmatte) gerettet oder sie sind *verbrannt*. Intensiver wird es, wenn jeweils zwei oder drei *Läufer* gemeinsam laufen, nachdem einer von ihnen den Ball in Richtung *Brenner*-Mannschaft geworfen hat. Es wird 2 mal 3,5 Minuten gespielt.

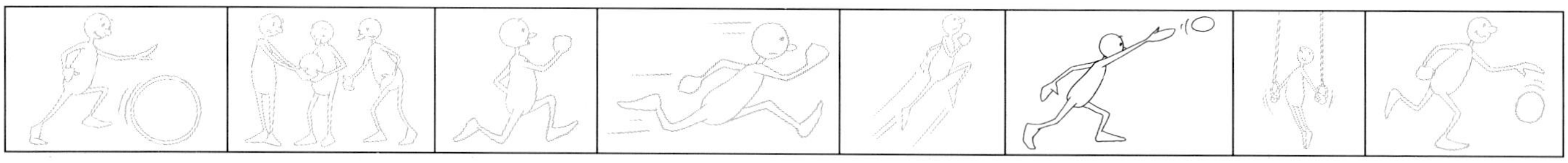

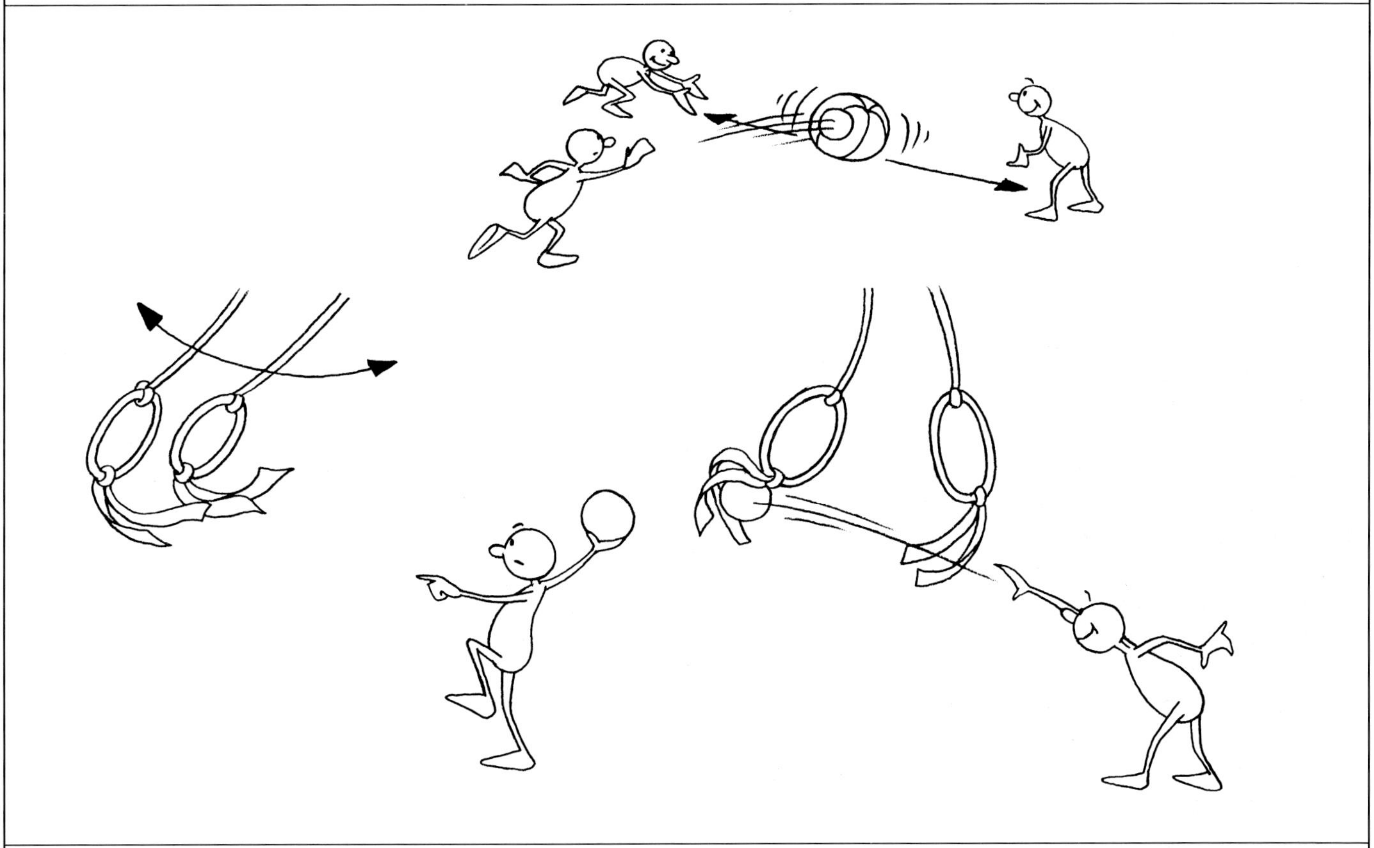

46. Stunde

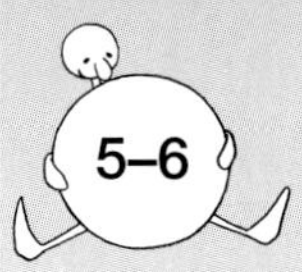

Bälle kommen zurück

Intentionen: Wurfgenauigkeit und -schärfe verbessern

Erwärmung **15 Min.**

Wurfübungen zu zweit und in Riegen. Die Erwärmung erfolgt paarweise. Jedes Paar erhält einen Soft- oder Gummiball und stellt sich – ähnlich einer Staffel – gemeinsam mit anderen Pärchen zu 3 oder 4 Riegen an einer Grundlinie auf. Es geht aber nicht um Schnelligkeit! Auf mindestens 10 m wird nun:

- Der Ball im Laufen zugespielt
- Abwechselnd schräg nach vorn zum Partner gerollt
- Im Seitgalopp der Ball beidhändig zugepasst
- Beidhändig über Kopf eingeworfen

Zu zweit. Im Strecksitz – verteilt in der Halle – wird der Ball um den Körper gerollt und im Vorbeugen dem Partner übergeben. Danach Rückenlage einnehmen, Ball in die Hochhalte, aufrichten und zum Partner werfen, der ihn fängt und sich hinlegt usw.

Hauptteil **20 Min.**

Wurfstationen. Gemeinsam wird überlegt, an welchen Wandabschnitten ein Ball gut zurückspringen und ein Üben von mehreren Gruppen gleichzeitig ermöglichen würde. Diese Stellen (Markierung anbringen) sollen unterschiedlich hoch sein und insgesamt den Bereich von 1,50 m bis 2,50 m Höhe abdecken, sodass auch ein für das Weitwerfen günstiger Abwurfwinkel mit einbezogen wird. Die Schüler werden zunächst auf 4 Stationen verteilt. Der Wechsel ist individuell. Wichtig ist nur: Jeder muss jede Station mindestens einmal durchlaufen haben. Es werden Tennisbälle, Schaumstoffbälle, Volleybälle, Gymnastikbälle oder Handbälle verwendet. Für die Schüler gilt: *Versucht jeden Ball zu fangen.*

1. Station: Auf dem Boden vor der Wand sind im Abstand von 1,50 m vier waagerechte Linien markiert, in deren Zwischenräumen der Ball von der Wand je einmal abprallen muss. Der Abwurfpunkt liegt dicht an der Wand, der Treffbereich für die Wand kann unterschiedlich gewählt werden.
2. Station: Die Gruppenmitglieder stehen nebeneinander etwa 2 m vor der Wand. Noch 3 m dahinter steht ein Schüler und wirft jedem Einzelnen den Ball indirekt – über die Wand – zu. Jeder ist einmal Zuspieler.
3. Station: Jeder wirft und fängt selbst und geht danach immer einen Schritt weiter nach hinten. *Wie weit kannst du zurück?*
4. Station: Der Abwurfpunkt bleibt und die Markierung wird immer weiter zurückgesetzt, sodass immer kräftiger geworfen werden muss.

Ausklang **10 Min.**

Die Mauer fällt. Zwei Weichböden und drei große Kästen werden benötigt. Die Weichböden werden seitkant zwischen die Kästen eingeklemmt – jeweils von außen und in der Mitte. Die Schüler stehen jeweils etwa 6 m (deutliche Markierung schaffen) vor ihrer Matte und versuchen sie mit Gymnastikbällen zum Umfallen zu bringen. Jeder Schüler hat einen Ball. Von der anderen Mannschaft herüberfliegende Bälle dürfen benutzt werden.

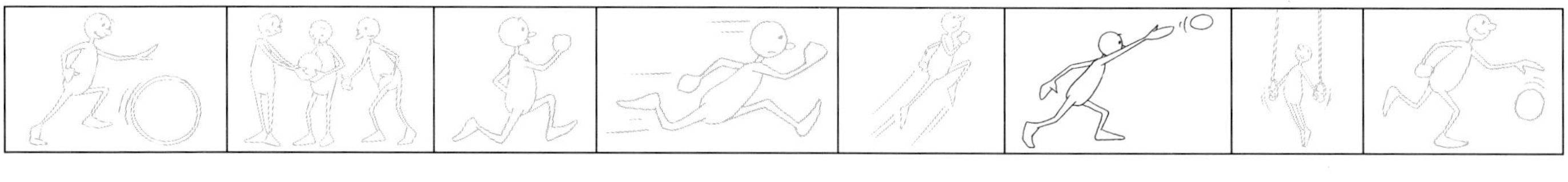

2,5 m
2,3 m
1,9 m
1,5 m
1,5 m
3,0 m
4,5 m
6,0 m

3 m
2 m

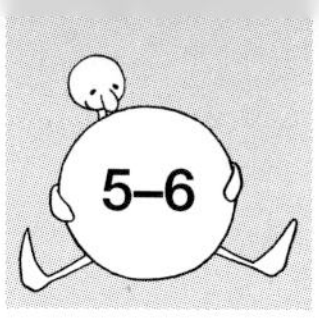

Werfen und Fangen in Bewegung

Intentionen: Beim Werfen und Fangen beobachten können

Erwärmung 15 Min.

Gerätebahn. Zunächst wird eine etwa 10 m lange Gerätebahn aufgebaut. Sie sollte möglichst einfach zu überwinden sein, also keine großen technischen und koordinativen Fähigkeiten erfordern. Zu empfehlen ist die Verwendung von Bänken, Turnmatten, Weichböden sowie kleinen und großen Kästen.
Vor der Einteilung der Klasse in zwei Gruppen sollen alle Schüler die Gerätebahn mehrmals überwinden.

Hauptteil 20 Min.

Werfen und Fangen auf der Gerätebahn. Die eine Gruppe postiert sich nun als Erstes parallel zur Gerätebahn. Sie stellt sich in einer Reihe auf und jeder hat einen Schaumstoff- oder Gummiball in der Hand, den die Schüler der anderen Mannschaft nacheinander, während sie die Gerätebahn überwinden, fangen müssen. Das Zuspiel sollte etwa aus 3 m Entfernung an einer Stelle erfolgen, an der der Fangende eine große Chance hat, den ankommenden Ball zu beobachten und zu fangen. Klappt dies, nimmt er den Ball auf dem Rest des Weges mit. Fällt er herunter, hebt ihn der Werfer wieder auf.

Nach je drei Durchgängen müssen die Läufer ihre Bälle schon beim Start auf die Gerätebahn mitnehmen und sie an einer bestimmten Stelle den Fängern zuwerfen. Auch hier wird nach etwa drei Durchgängen gewechselt. Beide Varianten erfordern sowohl beim Fangen als auch beim Werfen einige Übung.

Klassen, die im Werfen und Fangen schon einiges Geschick aufweisen, können allerdings noch anspruchsvoller üben. Dazu läuft jeweils ein Schüler parallel zur Gerätebahn auf gleicher Höhe mit.
Aufgabe: *Welches Pärchen schafft die meisten Zuspiele?*

Ausklang 10 Min.

Schießbude. Bei der *Schießbude* müssen die Schüler die nun schon vertraute Gerätebahn überwinden ohne von einem Schaumstoffball abgeworfen zu werden. Sie können den Ball aber fangen.
Die Werfer stellen sich dazu entlang der Gerätebahn am besten hinter einer Bankreihe auf – je nach Wurfkraft in 4–6 m Entfernung. Die Anzahl der Durchgänge wird durch die noch verbleibende Zeit (Abbau einkalkulieren!) bestimmt. Zur Auswertung werden die jeweils trefferfreien Durchläufe einer Mannschaft gezählt. Sie gelten nur, wenn man dabei nicht stehen bleibt oder zurückläuft.

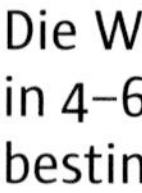

Die Schüler starten an der Gerätebahn erst, wenn der Vorgänger am Ende angekommen ist oder der Sportlehrer das Zeichen dazu gibt!

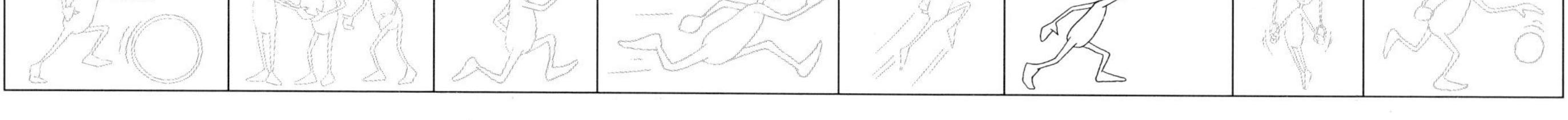

6 m

Es müssen nicht nur Bälle sein

Intentionen: Werfen vielfältiger gestalten

Erwärmung — 12 Min.

Womit könnt ihr – außer mit Spielbällen – werfen oder schleudern? So oder ähnlich könnte die Frage lauten, die den Schülern zu Beginn der Stunde gestellt wird. Neben unbrauchbaren oder nicht realisierbaren Dingen werden sicher einige gute Ideen dabei sein: Gummiringe, Fliesen, Schweifbälle, Turnschuhe, Schaumstoffwürfel, Parteibänder oder -westen, Frisbeescheiben, Federbälle u. Ä. Alles wird – zunächst je einmal – an der Seite deponiert. Für jedes gefundene Wurfgerät gibt nun der Lehrer eine Lauf-Aufgabe wie beispielsweise: *Lauft neun Runden! Soviel Buchstaben hat das Wort Federball! / Einmal Hopserlauf und einmal Kniehebellauf für das Parteiband und die Frisbeescheibe!*

Hauptteil — 25 Min.

Wurfexperimente als Staffel. Die Wurfgeräte – jede Mannschaft sollte etwa zehn haben – werden bei einer Staffel mit vier oder fünf Mannschaften verwendet. Jeweils etwa 8–10 m vom Start entfernt steht ein umgedrehter kleiner Kasten als Wendepunkt. In ihn wird hineingeworfen, was der Läufer sich von dem Haufen am Startplatz seiner Mannschaft mitgenommen hat: Ringe, Schweifbälle usw. (siehe Erwärmung). Dazu wird vor dem Wendepunkt (2–3 m) eine Markierung angebracht oder eine Fliese gelegt, von der aus geworfen wird. Ist der kleine Kasten voll, nehmen die Läufer die Dinge wieder heraus und rennen damit zum Startplatz zurück.

Wurfexperimente zu zweit. Als Nächstes sollen sich Paare bilden, die sich nacheinander je einen Wurfgegenstand aussuchen und ihn sich aus kurzer Entfernung zuspielen – möglichst ohne ihn fallen zu lassen. Wenn jeder Partner zehnmal geworfen hat, ist Wechsel. Insgesamt soll jeder Schüler mindestens vier verschiedene Wurfgeräte benutzt haben.

Erfahrungsaustausch und Stationentraining. Die Schüler beraten nun, welche verschiedenen Erfahrungen beim Werfen der Gegenstände gemacht wurden. Danach sollen die Schüler sich einigen, womit man genau bzw. weit werfen könnte. Beides wird im Wechsel an Stationen in zwei Gruppen ausprobiert:

1. Station: Jeweils paarweise oder zu dritt wird von einer Hallenseite aus möglichst weit in die andere Richtung oder an die gegenüberliegende Wand (bzw. Matte/Weichboden hochkant) geworfen.

2. Station: Zwei Turnbänke werden jeweils am Ende, parallel und mit geringem Abstand, in etwa 80 cm Höhe in die Sprossenwand eingehängt, sodass mehrere Pylonen verkehrt herum darin halten. Aus 4 m Entfernung ist in die so entstandenen *Treffbecher* zu zielen.

Ausklang — 8 Min.

Kastenball. Zwei große Kästen werden ohne Kastenoberteile an den Spielfeldrändern aufgestellt. Die Spieler zweier Mannschaften müssen versuchen, einen gut springenden Ball im Kasten des Gegners zu versenken, nachdem er einmal aufgetippt ist (2 m Freiraum um die Kästen!).

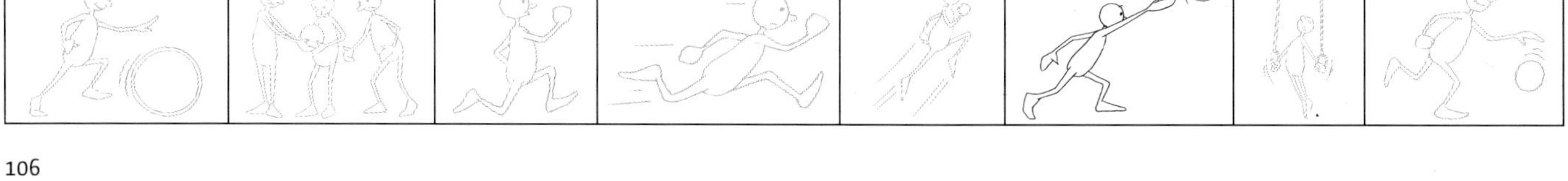

?

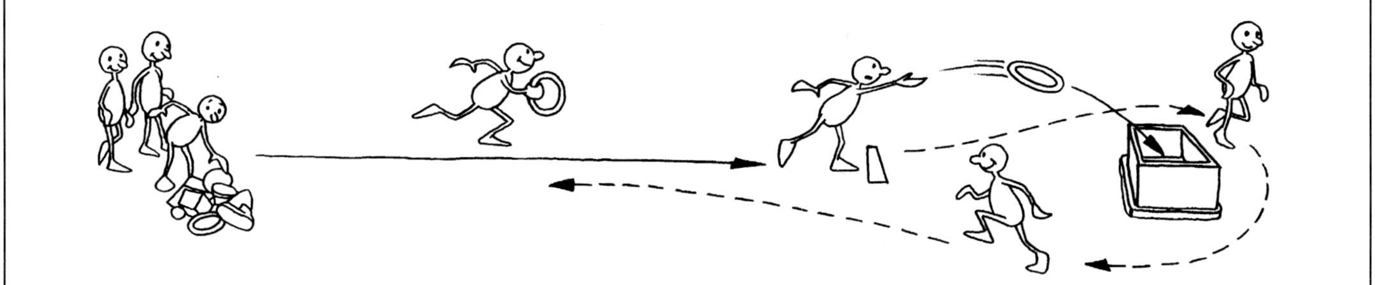

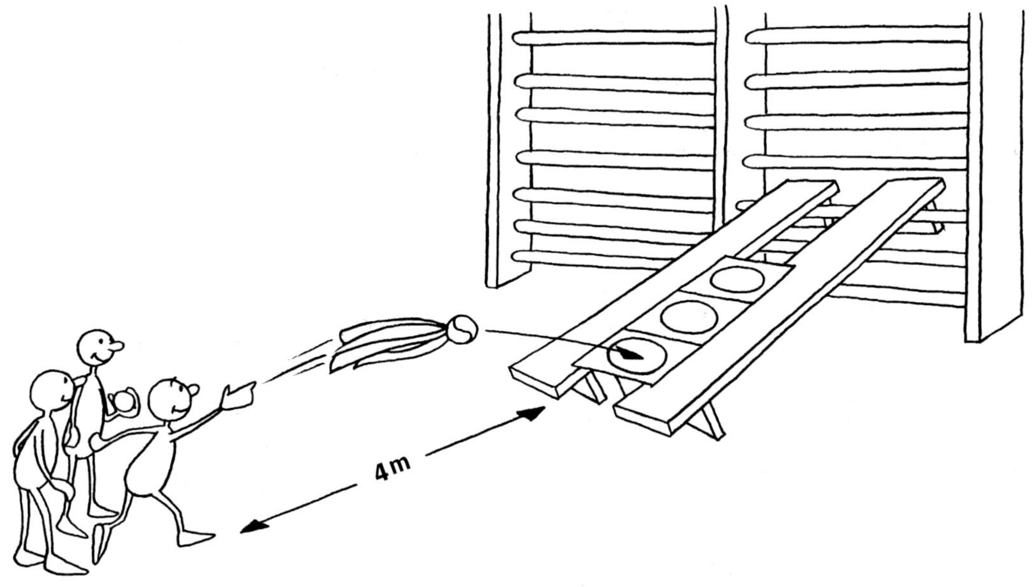
4m

49. Stunde

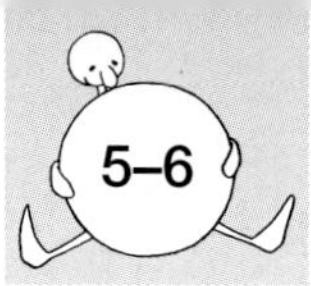

Mit Anlauf gehts besser

Intentionen: Üben des Impulsschrittes

Erwärmung **10 Min.**

Eins, zwei, drei. Bei diesem Fangspiel (s. St. 52) kann der abgeschlagene Spieler auch außerhalb des Feldes auf den oder die *Erlöser* warten, die dann für das ganze Spiel vorbestimmt sind. Der abgeschlagene Spieler löst in diesem Fall vom *Erlöser* gestellte Bewegungsaufgaben.

Hauptteil **25 Min.**

Impulsschritt-Übungen. Mit Tauen (oder besser noch mit Krepppapier) werden je nach Hallengröße mehrere Gassen von etwa 50 cm Breite nacheinander markiert. Zwischen den Gassen sollte ein Abstand von etwa 1 m sein. Die Schüler – eingeteilt in drei oder vier Gruppen – sollen die Strecke als Erstes überlaufen und als Nächstes darüber gehen, wobei der Graben natürlich immer übersprungen werden muss.

Mit Parteiband. Vor dem folgenden Durchgang befestigen die Schüler an ihrem linken Oberschenkel (Linkswerfer am rechten) ein Parteiband. Dadurch wird das Bein markiert, mit dem die Schüler ihren Impulsschritt ausführen. Die Schüler bleiben einen halben Meter vor der ersten Gasse stehen und beginnen auf Kommando gemeinsam ihren Rhythmus:

▹ *Lauft alle mit eurem farbigen Bein los, macht dann einen flachen Sprung über die Gasse und noch einen kleinen Schritt!*

Die anschließende Schrittfolge wird z. B. mit dem Tamburin begleitet, welches mit dem Aufsetzen des markierten Beines vor der Gasse zu hören ist, z. B. *eins-zwei* oder später *und-Wurf*. Der erste Takt wird etwas stärker betont, weil darauf der flache Hopser – der Impulsschritt – folgt.

Mit Schweif- oder Schlagball.

▹ *Nehmt den Ball in eure Wurfhand. Der Arm ist gleich zu Beginn ganz lang nach hinten gestreckt.*

Abhängig von der Situation ist zu entscheiden, ob diese Durchgänge noch ohne tatsächlichen Wurf ausgeführt werden und dafür der Schwerpunkt noch auf die Wurfaus- bzw. Rücklage gelegt wird. Z. B.:

▹ *Bleibt nach „Wurf“ stehen und schaut nach oben!* (oder einen entsprechend hohen Punkt an der Wand wählen)

Ansonsten kann auch nur an einer Gasse (oder an zwei gegenüberliegenden) geübt werden. Dazu werfen dann zwei Gruppen abwechselnd jeweils zur anderen Seite oder Wand. Die andere Gruppe nimmt die Bälle auf und wirft sie zurück.

Ausklang **10 Min.**

Werfen und Laufen. Die zwei Gruppen bleiben bestehen – für die Pendel-Wurf-Staffel müssen sie sich allerdings noch einmal teilen. Die anderen Hälften nehmen jeweils auf der anderen Seite Aufstellung. Jede Mannschaft hat einen (Schweif)-Ball, den die Spieler hinüberwerfen. Fällt der Ball in einem abgesteckten Bereich herunter oder wird gefangen, sprintet der *Werfer* hinterher. Erst wenn er angekommen ist und sich eingereiht hat, darf der *Fänger* selbst werfen und hinterhersprinten.

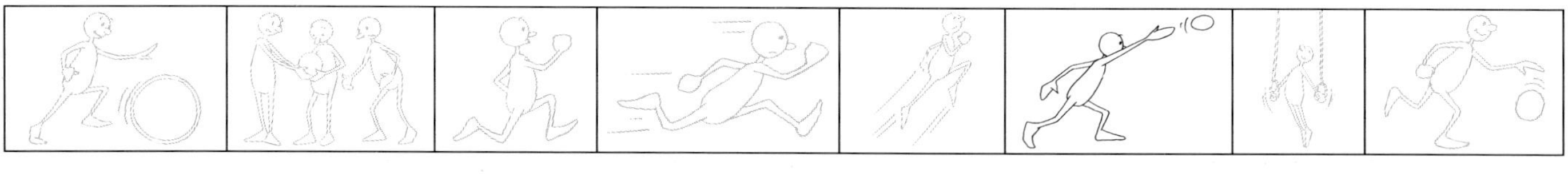

JOKER

____

hat sich im Zeitraum vom

______________ bis ______________

+ Stopp - Regel

gut an die Ruhe-Regel gehalten.
Herzlichen Glückwunsch zu dieser Leistung!
Vier JOKER berechtigen zur Teilnahme an einer Klassen-Aktion.

____

Datum Unterschrift

Rolle vorwärts

Intentionen: Üben und Festigen von Rollbewegungen am Boden

Erwärmung — 10 Min.

Stop and go mit Geräten. Ein Kasten (etwa 80 cm), eine Bank, zwei Kastenoberteile und mehrere Matten (kein Weichboden) werden benötigt. Danach laufen alle Schüler umher, ohne die Matten und Geräte zu berühren oder andere zu behindern.
Nach einem Zeichen des Lehrers müssen die Schüler stoppen und:

- ▷ Auf allen Vieren eine *Insel* (Matte) erreichen
- ▷ Sich jeder einen Partner suchen, mit dem man sich im Wechsel per *Schubkarre* einen Weg um die Geräte suchen muss, wobei die im Stütz befindlichen Schüler sich mit entgegenkommenden Schülern die Hand geben
- ▷ Im *Häschen hüpf!* zur Bank springen und dort Hockwenden machen
- ▷ Sich zum Abschluss bäuchlings über die Bank ziehen

Hauptteil — 25 Min.

Schrittweise zur Rolle vorwärts. Die Geräte werden in eine Bahn oder einem Quadrat so gestellt, dass Kasten, Bank und Kastenoberteile hintereinander benutzt werden.

Hände schulterbreit aufsetzen
Kinn auf die Brust
Kauerstellung lange beibehalten

- ▷ **Vom Kasten:** Aus der Bauchlage auf dem Kasten in die Rolle hinuntergleiten. Diese Übung zwei- oder dreimal durchführen, bis bei allen eine gewisse Sicherheit vorhanden ist und die folgenden Übungen in einer Bahn durchgeturnt werden können. Der Lehrer steht am Kasten und gibt Hilfestellung.
- ▷ **Von der Bank:** Auf allen Vieren bis zum Bankende, Rolle auf die Matte zunächst aus dem Grätschsitz, dann aus dem Kniestand
- ▷ **Vom Kastenoberteil:** An den Kastenoberteilen Rolle aus dem Kniestand, später aus dem Hockstand
- ▷ **Auf das Kastenoberteil:** Rolle auf das Kastenoberteil
- ▷ **Für geübte Schüler:** Wer schon sicher ist, kann von einer in die Sprossenwand eingehängten Bank abwärts auf die Matte abrollen oder auf der Matte über einen kleinen Medizinball rollen, wobei die Hände unmittelbar nach Absprung aufzusetzen sind.

Ausklang — 10 Min.

Minutenzeck. Beim einfachen *Minutenzeck* muss der erste Läufer der Mannschaft A einen Schüler der Mannschaft B fangen bzw. anschlagen (dieser verlässt das Feld), zurückrennen und den zweiten Läufer ins Rennen schicken. Gewechselt wird erst, wenn jeder Schüler einmal Fänger war bzw. die Gegenmannschaft komplett gefangen ist. *Welche Mannschaft schafft es in kürzerer Zeit, alle zu fangen?*

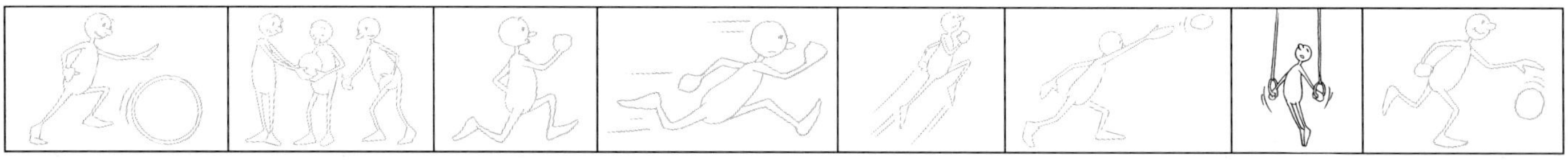

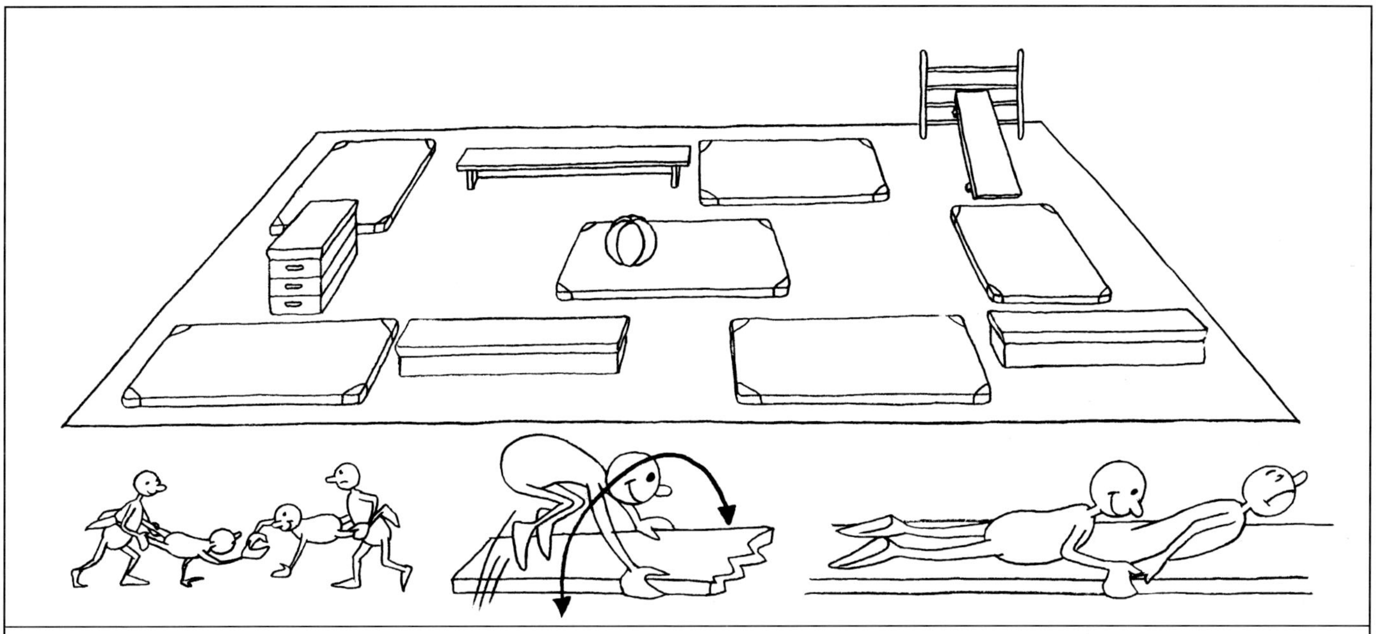

51. Stunde

Mit Tauen kann man ...

Intentionen: Kräftigung der Schulter- und Armmuskulatur

Erwärmung **10 Min.**

Bewegungsaufgaben an Bänken. Die Erwärmung erfolgt an den vier Bänken, die für Zusatzaufgaben im Hauptteil benötigt werden und schon an ihren Platz geräumt werden. Die Schüler der Riegen stehen an den Kopfenden der Bänke und:
- ▷ Laufen mehrere Male um die Bank
- ▷ Laufen auf der Bank (auch auf den Zehenspitzen)
- ▷ Ziehen sich erst bäuchlings und danach rücklings über die Bank
- ▷ Machen Hockwenden an der Bank
- ▷ Für weitere Aufgaben siehe St. 8

Hauptteil **25 Min.**

Zusatzaufgaben an Bänken. Während des fortlaufenden Übens an den Tauen überbrücken die restlichen Schüler die Wartezeit mit den schon erwähnten Zusatzaufgaben an den Bänken. Außer denen der Erwärmungsphase kommen noch (den Schülern bekannte Aufgaben) hinzu: über die Bank krabbeln / im Entengang watscheln / zweimal hindurchkriechen / herauf-, herunter- und herüberspringen usw.

Übungen an Tauen. Unter den Tauen liegt eine Mattenbahn. Die Schüler gehen gruppenweise an die Taue.
- ▷ Jeder versucht zunächst mit möglichst langen Armen 5 bis 8 Sek. in Ruhe daran zu hängen; dann – je nach Anzahl der Taue – die nächsten Gruppen.
- ▷ Die nächste Übung am Tau ist schwierig und sicherlich nur für besonders kräftige bzw. größere Schüler zu meistern.
  Versucht euch von Tau zu Tau zu hangeln! Wie weit kommt ihr?
  Eine Hilfe ist, den Schülern das Folgetau jeweils heranzureichen.

Von einer Bankreihe können die Schüler als Nächstes:
- ▷ An dem Tau über die Mattenbahn schwingen (übersetzen) und möglichst weit die Füße auf den Boden setzen
- ▷ Wieder zurückschwingen und auf der Bank landen
- ▷ *Das schafft man übrigens auch zu zweit am Tau!*
- ▷ Wer es schafft – hochklettern (Aber: *Langsam herunterrutschen!*)

An zwei Tauen lassen sich ebenfalls verschiedene Übungen durchführen:
- ▷ Anziehen der Knie oder Vorstrecken der Beine
- ▷ Rückwärts einrollen (evtl. Hilfestellung)
- ▷ Vor- und zurückschwingen
- ▷ Das Gleiche, aber mit einem zwischen die Füße geklemmten Ball

Ausklang **10 Min.**

Krokodil. Für das Spiel zum Ausklang muss die Mattenbahn in gleicher Länge von Bänken auf beiden Seiten flankiert werden, sodass man bequem von einer zur anderen Bankseite am Tau hinüberschwingen kann. Auf den Matten sitzen oder liegen drei bis fünf *Krokodile*, die die Schüler beim Schwingen zu berühren versuchen. Nach z. B. fünf solchen Ticks müssen die betreffenden Schüler in die Rolle des Krokodils schlüpfen.

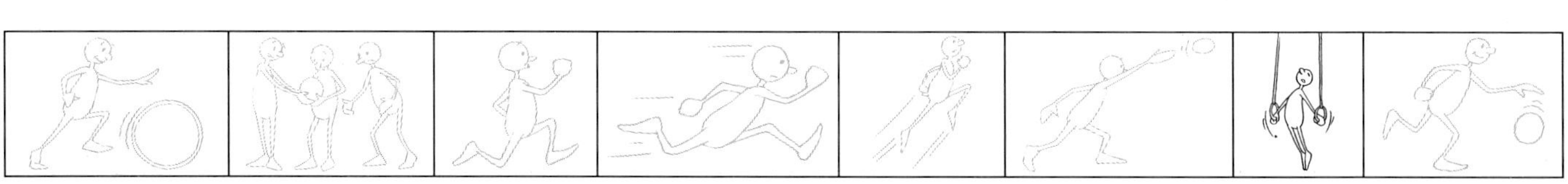

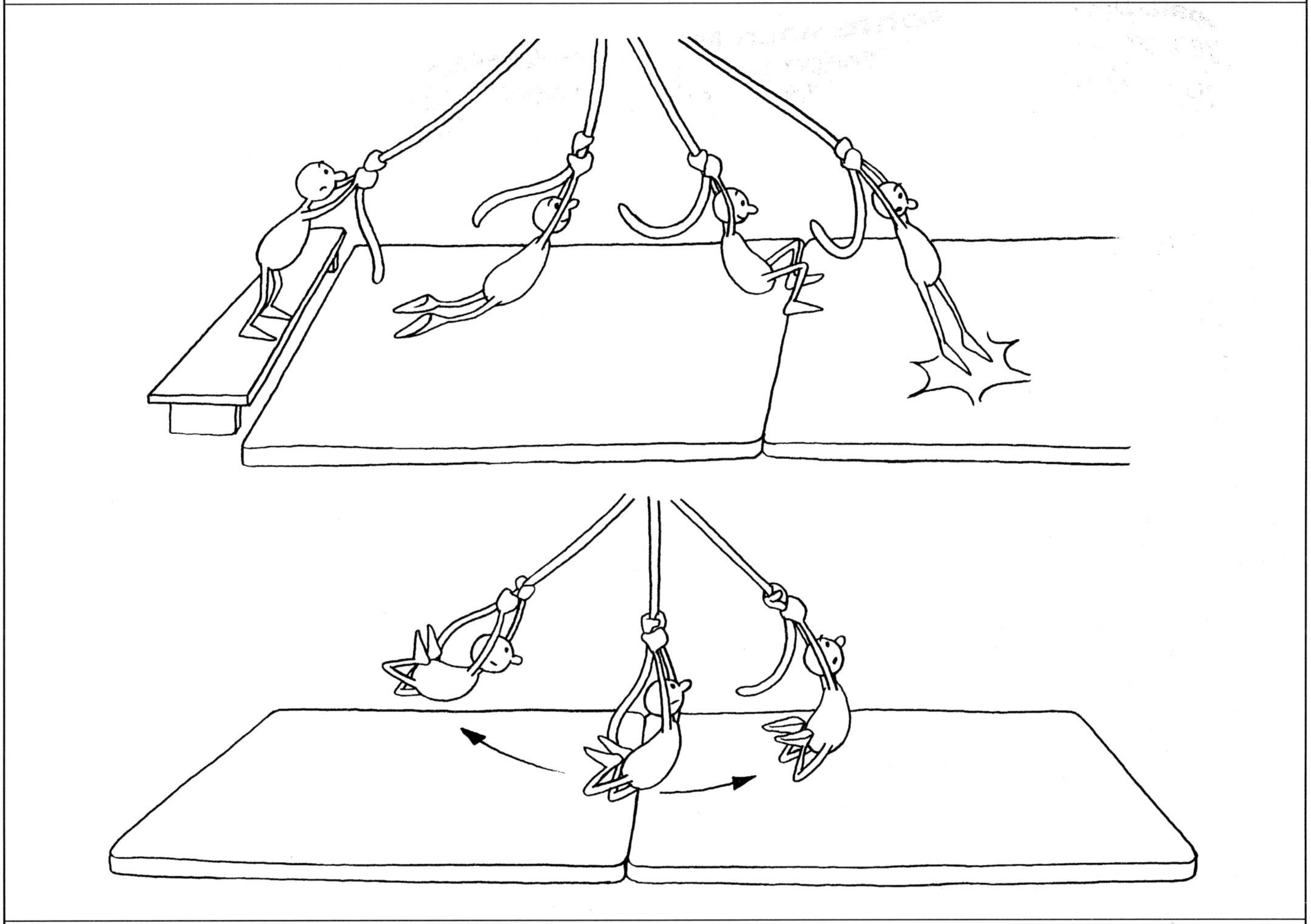

Schaukeln und Schwingen an den Ringen

Intentionen: Beweglichkeit, Körpererfahrung und Kraft entwickeln

Erwärmung — 10 Min.

Krebsfußball. Dieses Spiel sollte nach Möglichkeit mit einem Softball gespielt werden. Die Schüler dürfen sich nur im Krebsgang vorwärtsbewegen und schießen. Zu überlegen ist auch, ob man die Schuhe dazu auszieht. Als Tore dienen liegende Kastenzwischenteile oder seit- bzw. hochkant gestellte kleine Kästen.

Hauptteil — 25 Min.

Riegen an den Ringen. Es sind möglichst alle zur Verfügung stehenden Ringepaare zu nutzen. Die Schüler stellen sich in Riegen davor auf und lassen etwa vier Meter Abstand zu dem jeweils Übenden. Der Lehrer gibt die Übungsanweisungen mit entsprechenden schülergerechten Informationen:

▷ *Versucht, wie ein Pendel an einem Ring vor und zurück zu schwingen!*
▷ *Zieht euch an dem Ring hoch, bis ihr mit dem Kopf darankommt!*
▷ *Geht an das Ringepaar und kreist mit den Beinen um den Ball ohne ihn zu berühren!*
▷ *Klemmt den Schaumball zwischen den Füßen ein und werft ihn eurer Riege zu!*
Hierbei ist es zweckmäßig, jeweils einen Fänger auszusuchen, der mindestens einen Durchgang lang in seiner Riege den Ball fängt und wieder bereitlegt.
▷ *Schießt den euch zugeworfenen Ball wieder zurück!*
Verfahrensweise wie bei der Vorübung. Eine Kombination beider Übungen ist denkbar.
▷ *Nehmt die Ringe, geht drei Schritte zurück, steigt auf die Bank und schwingt wieder vor! Habt ihr wieder Bodenkontakt, lasst los und lauft weiter!*
Der sichere Abgang soll ausführlich geübt werden!
▷ *Versucht jetzt, ohne Anschwung/Anschubs in die Schaukelbewegung zu kommen. Schwingt dreimal hin und zurück! Denkt an den Abgang!*
▷ *Schwingt jetzt mit zwei Schritten Anlauf vor und nehmt den Ball von der Bank mit (zwischen die Füße). Legt ihn beim nächsten (oder übernächsten) Vorschwung wieder ab!*
▷ *Zum Abschluss dreht euch nach dem Vorschwung um eure Längsachse, sodass sich die Seile einmal verknoten. Dreht euch dann wieder zurück, um die Seile zu entwirren!*

Ausklang — 10 Min.

Eins, zwei, drei. Dieses Spiel ist besonders in unteren Klassen beliebt und bietet eine neue Variante des *Erlösens* an, nachdem ein Schüler vom Fänger angeschlagen wurde: Der Betreffende – z. B. Max – bleibt stehen und wartet darauf, bis jemand hinter ihn tritt, die Hände über seine Augen oder auf die Schulter legt und ruft: „Eins, zwei, drei, Max ist wieder frei!"

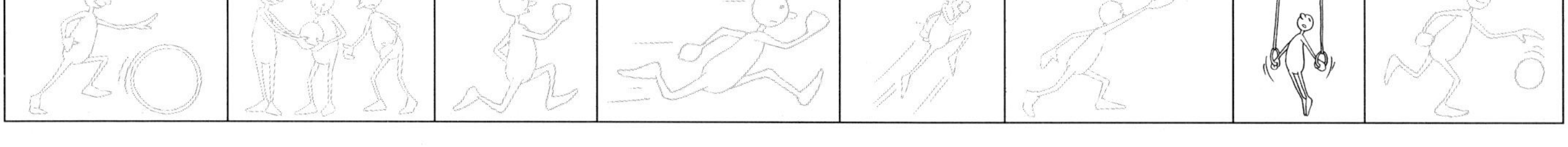

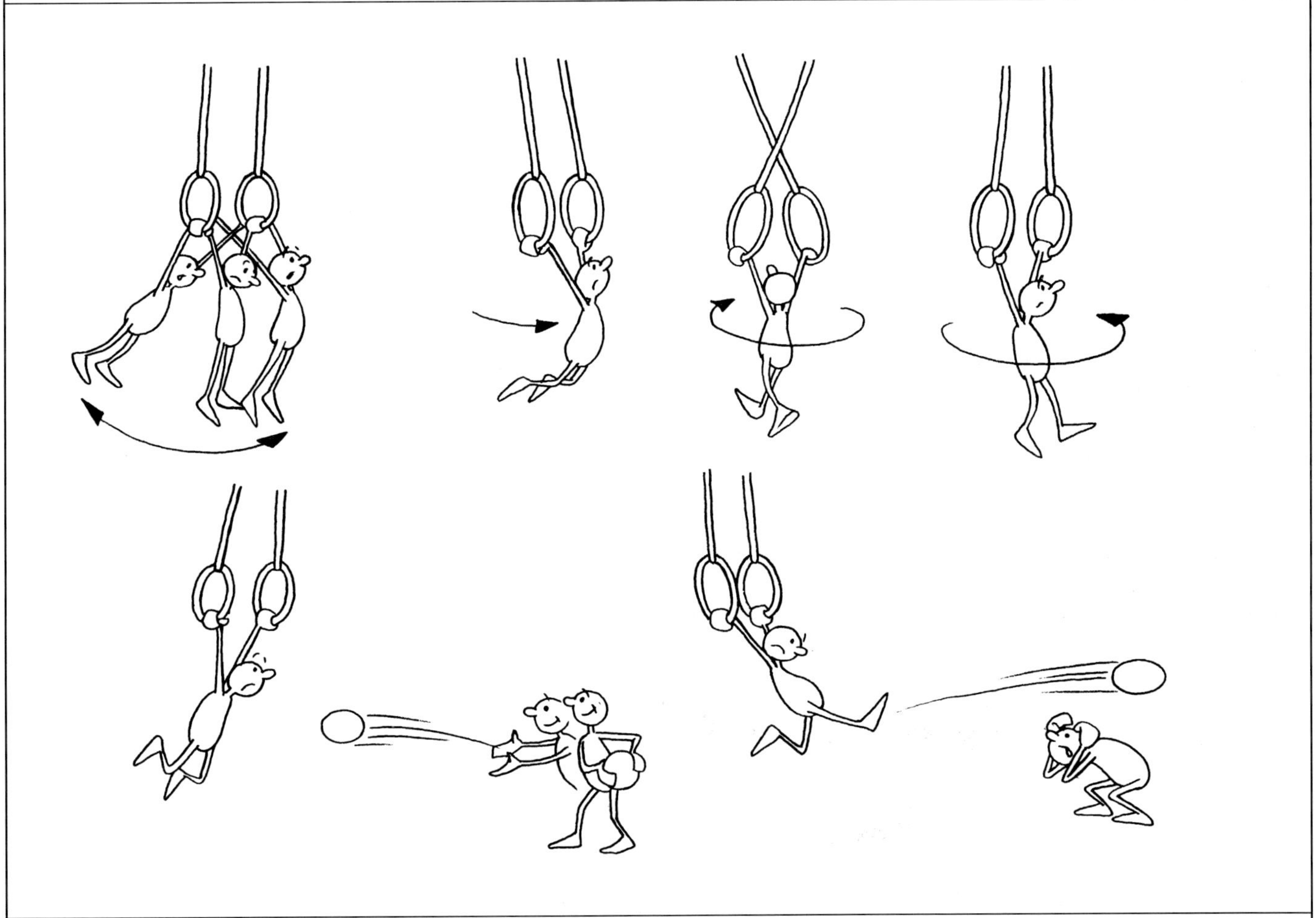

1, 2, 3 ...

Gewöhnungsübungen am Reck

Intentionen: Kräftigung der Stützmuskulatur

Erwärmung 15 Min.

Feuer, Wasser, Sturm / Stop and go an Reck, Kasten und Bank. Eine mehrheitliche Nutzung der Reckanlage erspart vielen Nutzern den zeitraubenden Auf- und Abbau. Für die Erwärmung ist es in jedem Fall sinnvoll, die Geräte – zu den Recks kommen noch mindestens drei Kästen sowie Bänke hinzu – mit einzubeziehen.
Das geht spielerisch (z. B. mit *Feuer, Wasser, Sturm*) oder zielgerichteter mit *Stop and go*. Dazu laufen die Schüler zunächst in lockerem Tempo – besser mit Rhythmus – um die Geräte herum ohne sie zu benutzen. Nach einem *Stopp* erfüllen sie insgesamt fünf verschiedene Aufgaben, die zuvor demonstriert wurden.

- **An den verschieden hoch eingestellten Recks:** mit Partnerhilfe auf der Reckstange (höchstens kniehoch) balancieren / an der Reckstange stützen / an der Reckstange hängen
- **An den Kästen:** Stützen (evtl. Höhe anpassen)
- **An den Bänken:** Füße auf die Bank und in der Liegestützposition hin und her stützeln

Es muss also jedesmal eine andere Übung gemacht werden als beim vorigen Mal, und zwar so lange, bis der Lehrer das Zeichen für das erneute Laufen gibt.

Hauptteil 25 Min.

Übungen am Reck. Die Reckstangen werden zunächst so eingestellt, dass alle Schüler bequem in den Stütz springen können. Die Klasse stellt sich parallel mit 1 m Abstand zu den Reckstangen auf.

- Auf ein Zeichen des Lehrers springt jeder in den Stütz – Niedersprung – einen halben Schritt nach rechts – Sprung in den Stütz – Niedersprung usw.

Wer am rechten Ende der Reckanlage angekommen ist, fängt auf der linken Seite wieder an bzw. stellt sich an das Ende der Schlange.

Weitere Übungen am Reck. Die einzelnen Recks werden jetzt den Größenunterschieden angepasst und jeweils etwa hüfthoch eingestellt. Die Schüler der so entstandenen Riegen absolvieren folgende Übungen am Reck:

- Unterschwung
- Stütz – Niedersprung – Unterschwung
- Stütz – Überklettern der Stange
- Stütz – Rolle vorwärts (*Leise landen!*)
- Für Geübte: Stütz oder gar Felgaufschwung – Überspreizen eines Beines – „Mühlkreisen“ – Spreizabsitzen

Für Zusatzaufgaben gehen sie dann an die – wenn möglich – dahinter aufgestellten Bänke (z. B. balancieren) und Kästen (z. B. aufstützen/Kniestand/evtl. Rolle), um anschließend wieder am Reck zu turnen.

Ausklang 5 Min.

Dreibeinfangen. Zwei oder drei Fängerpärchen binden sich jeweils ihr linkes bzw. rechtes Bein am Oberschenkel mit einem Parteiband zusammen und versuchen andere Schüler abzuschlagen. Getroffene Schüler warten am Spielfeldrand auf einen „Leidgenossen“ und bilden ein neues Fängerpaar.

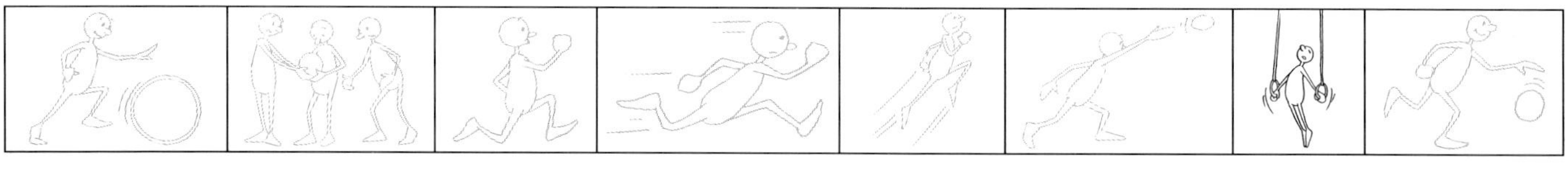

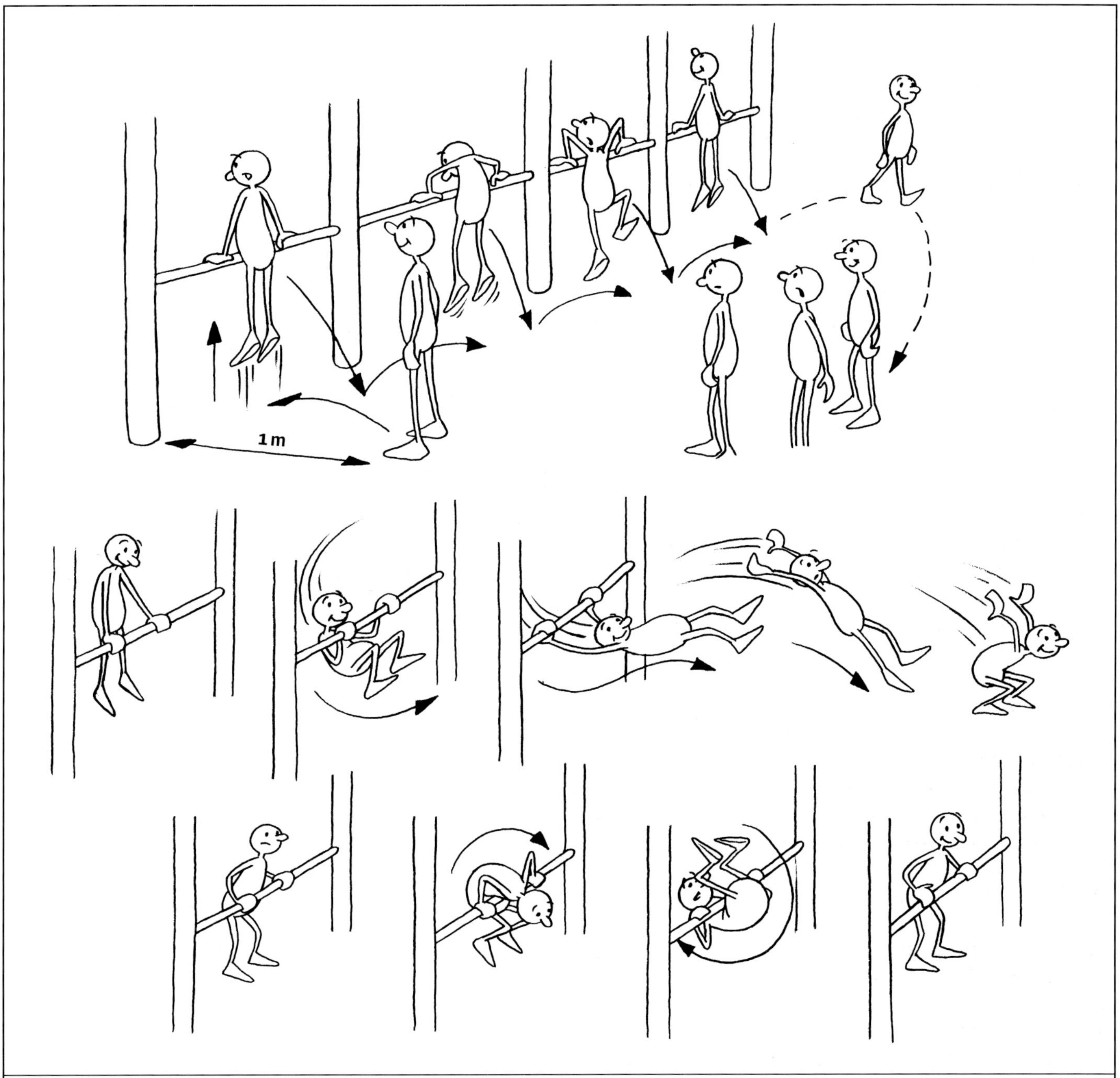
1m

54. Stunde

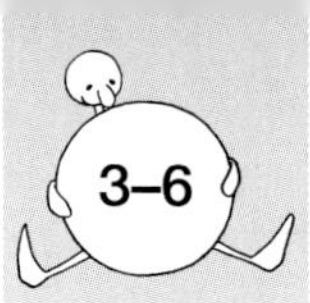

Rad – über Bänke und mehr

Intentionen: Schulung der Koordination und Beweglichkeit

Erwärmung **10 Min.**

Bänke überwinden (Riegen). Je nach Hallenausstattung werden drei oder vier Reihen aus zwei längs hintereinandergestellten Bänken gebildet, an deren Stirnseiten sich die Riegen aufstellen. Die nun folgenden Aufgaben sollen keinen Wettbewerbscharakter tragen. Die Qualität der Übungsausführung steht im Vordergrund. Die Schüler üben nun jeweils parallel in ihren Riegen, wobei nach Möglichkeit jede Riege abwechselnd mit einer Idee, wie man die Bänke überwinden kann, beginnt.

Wichtige Übungen. Auf jeden Fall dabei sein sollten die folgenden Übungen:
- die Bänke überlaufen / ein Bein auf dem Boden und das andere auf der Bank (Wechsel nach einer Banklänge) / Schritt- bzw. Aufsprünge auf die Bank und wieder herunter / im Grätschsitz über die Bank stützeln / einbeinig über die Bank hüpfen / bäuchlings über die Bank ziehen

Hauptteil **25 Min.**

Vorübungen zum Radschlag. Der Aufbau und die Riegen können bestehen bleiben. Die Schüler stellen sich nun an einer Bankquerseite auf. Die Anzahl der Durchgänge über die drei oder vier Bankreihen ist abhängig von der Schülerzahl und der Qualität der Ausführung. Die Übungen:
- Hockwende, die eine deutliche Stützphase haben sollte
- Hockwende mit einbeinigem Absprung
- Hockwenden, bei der die Füße nacheinander aufsetzen – praktisch das Überradeln mit angehockten Beinen
- In den weiteren Durchgängen wird auf eine schwungvolle Beinbewegung und annähernd gestreckte Beine geachtet. Die Schüler sollen bei diesem Überradeln der Bänke den Schwung aus der entstehenden Drehbewegung ausnutzen. Die Bänke können so dicht aufeinander folgend aufgestellt werden, dass nur die beiden Bodenberührungen möglich sind.

Unterstützende Übungen:
- Längs über die Bank
- Überradeln eines aufgelegten Medizinballs, wobei die Hände hinter dem Medizinball aufgelegt werden
- Rad von der Matte oder einem Kastenoberteil
- Einsatz von Springseilen, die, z. B. schräg zwischen der Sprossenwand und einer Malstange gespannt, überradelt werden müssen
- Rad vom Reifen (Stütz) in den Reifen

Mit Kreide lässt sich der Aufsatz der Hände und Beine bzw. die Geradlinigkeit der Bewegungsabfolge gut markieren.

Ausklang **10 Min.**

Feuer, Wasser, Sturm. Vor dem Abbau können die Geräte gut für das bekannte Spiel *Feuer, Wasser, Sturm* genutzt werden. Doch braucht niemand auszuscheiden, wenn beispielsweise die Kinder für ihr Langsamkeit mit einem Minuspunkt „bestraft“ werden oder sie mittels Schminke, Creme o. Ä. einen Tupfer auf die Wange oder den Arm erhalten.

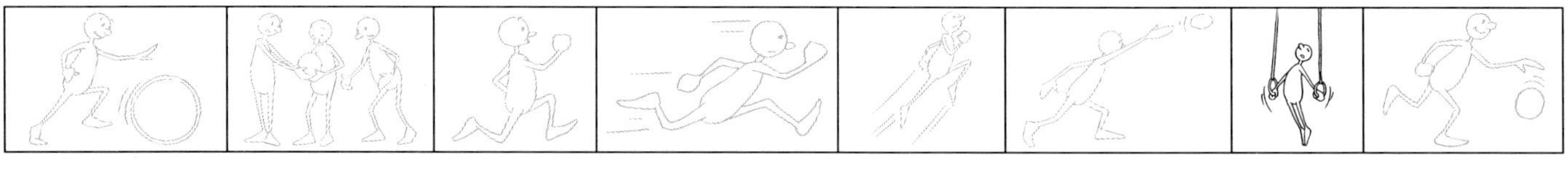

Stützsprünge in der Bankgasse

Intentionen: Bewegungserfahrungen in den Stützsprüngen sammeln

Erwärmung — 10 Min.

Klebrige-Monster-Variante. Zwei Schüler nehmen sich ähnlich wie bei *Klebrige Monster* (s. St. 12) ein Seil. Sie fassen es an den jeweiligen Enden und fangen andere Schüler ein, indem sie sie mit dem Seil berühren (ohne dass einer der beiden Fänger das Seil loslässt). Der Gefangene nimmt sich selbst ein Seil und „verlängert" das *Monster*, welches nunmehr also drei Schüler und zwei Seile umfasst. Es gibt immer weniger *Hasen*, doch das *Monster* wird nicht unbedingt beweglicher.

Hauptteil — 20 Min.

Über Seile springen. Die benutzten Seile werden quer hintereinander in einem Abstand von etwa 40 cm ausgelegt, sodass die Schüler jeweils zu zweit:
- Einbeinig darüber hüpfen können
- Im Schlusssprung springen
- Hockwenden und schließlich Stützhocken ausführen

Stützsprünge in der Bankgasse. Je nach Vorhandensein werden jetzt vier oder sechs Bänke zu zwei bzw. drei Bankgassen zusammengestellt, sodass die Riegen vom Kopfende der Gasse her im Strom folgende Übungen machen können (die Bänke können auch an den Enden auf zwei kleine Kästen gelegt werden):
- Stützhocken durch die Bankgasse
- Stützhocken jeweils auf einer Bank
- Stützhocken durch die Bankgasse über quergelegte Seile
- Dieselben Übungen über Medizinbälle, die in der Gasse liegen

Zusätzliche Hindernisse. Zudem können zusätzlich Kartons, Pylonen oder andere Bälle als Hindernisse für die Bahngasse gewählt werden. Die Abstände zwischen den Hindernissen sollten je nach Können variiert werden, sodass beispielsweise eine Bankgasse mit größeren Abständen für Schüler mit sicherer Stützhocke eingerichtet wird. Bei allen Stützhocken gilt:

Beidbeiniger Absprung
Weites Vorgreifen der Hände
Arme in der Stützphase durchdrücken

Ausklang — 15 Min.

Gassenball. Obgleich das Abschlussspiel eigentlich besser zum Thema „Wurf" bzw. „Zielwurf" passt, bietet es sich aus organisatorischen Gründen hervorragend an und sichert zugleich einen freudvollen Ausklang.
Die Riegen können beisammen und die Bankgassen bestehen bleiben. Die Bänke werden so weit zusammengerückt, dass ein Medizinball dazwischen wie auf einem Gleis rollen kann. Die Mannschaften – jede hat einen Ball – stehen nun wieder am Kopfende der Gasse und versuchen nacheinander durch gezielte Würfe den Ball ins Rollen zu bringen. Gewonnen hat die Mannschaft, die als Erste den Ball durch die gesamte Gasse getrieben hat.

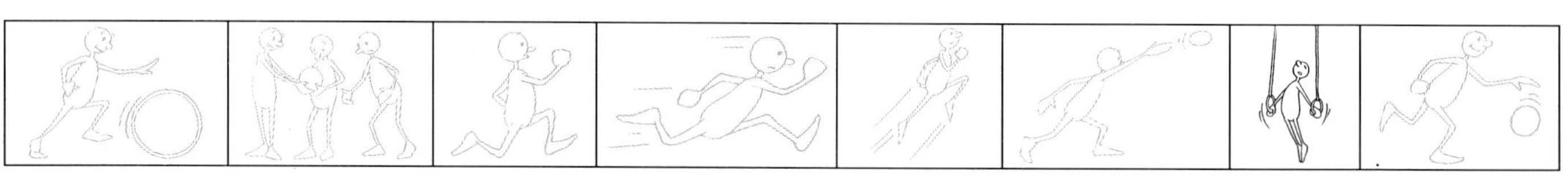

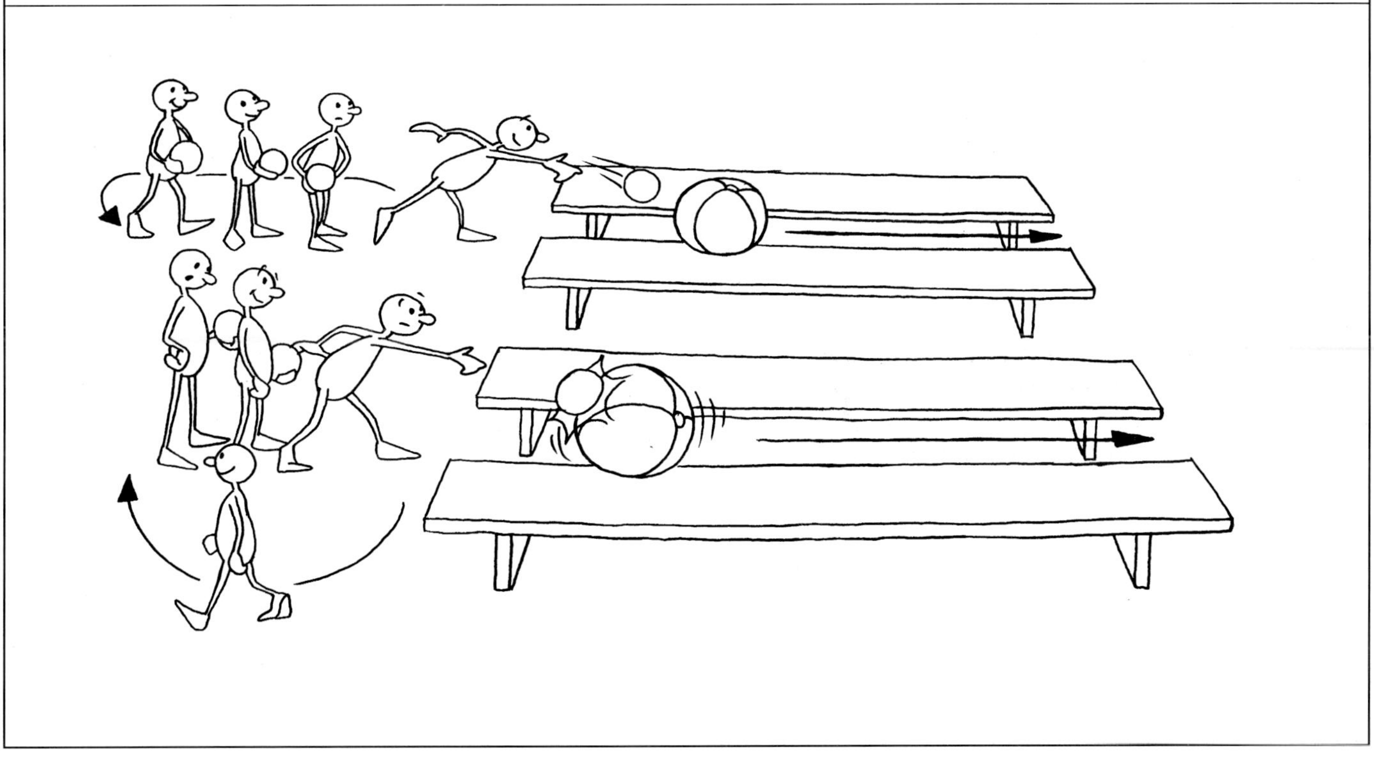

56. Stunde

Stützsprung-Garten

Intentionen: Stützkraft verbessern

Erwärmung **10 Min.**

Zielwerfen mit zwei Mannschaften. Es werden zwei Mannschaften gebildet, die am besten mit Farbbändern oder -westen gekennzeichnet werden. Gespielt wird mit einem Schaumstoffball, der jeweils in ein umgedrehtes und erhöht stehendes Kastenoberteil am Spielfeldrand geworfen werden muss. Die Zuspiele innerhalb einer Mannschaft sind unbegrenzt.
Zusätzlich wird die Fortbewegungsart vom Lehrer jeweils vorgeschrieben und wechselt ständig:
▷ Auf allen Vieren
▷ *Häschen hüpf!*
▷ Kriechend oder robbend

Hauptteil **30 Min.**

Stützsprung-Garten (Zirkel). Es wird eine Art Zirkelbetrieb eingerichtet, der zunächst gemeinsam besprochen und an einer Tafel skizziert wird. Je nach Dauer für Auf- und Abbau können zwei oder drei Durchläufe stattfinden. Die Übungszeit an den Stationen beträgt etwa 90 Sekunden. Folgende vier oder fünf Stationen sind aufzubauen:

1. **Station:** Ein Kreuz aus vier Bänken, wobei die äußeren Enden jeweils auf zweiteiligen Kästen gelagert sind.
   Macht dort Hockwenden, wo die Bank für euch die richtige Höhe hat!

2. **Station:** Zwei oder drei in Knie- bzw. Oberschenkelhöhe angebrachte Reckstangen (die auch auf kleinen Kästen liegen können).
   Versucht bei den Hockwenden die Beine so lange wie möglich in der Luft zu halten!

3. **Station:** Eine Treppe aus beispielsweise einem Reuterbrett, einem kleinen Kasten, einem zweiteiligen Kasten, einem Bock sowie einer Landefläche aus Weichboden und Niedersprungmatte.
   Überwindet die Kastentreppe wie ein Affe und springt mit einem Strecksprung herunter!

4. **Station:** Zwei Bänke über Eck gestellt, auf der zweiten Bank liegen – gleichmäßig verteilt – vier Medizinbälle.
   Übt Hockwenden. Setzt die Hände hinter den Bällen auf!

5. **Station (evtl. als Zusatz):** Ein Reuterbrett vor der Wand. Zonenmarkierung ab etwa 1,80 m Höhe.
   Springt ohne Anlauf mit beiden Beinen vom Brett ab und drückt euch möglichst weit oben wieder von der Wand ab!

Ausklang **5 Min.**

Kettenfangen. Das Spiel beginnt zunächst mit einem Schüler, der einen nächsten abschlägt und gemeinsam mit ihm – Hand in Hand – erneut losläuft. Fangen die beiden einen dritten und auf diese Weise einen vierten, dann teilt sich die Kette und zwei Fängerpaare gehen erneut auf die *Jagd*.

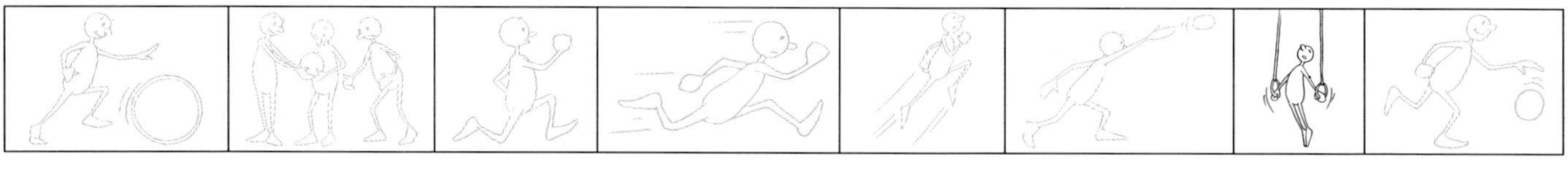

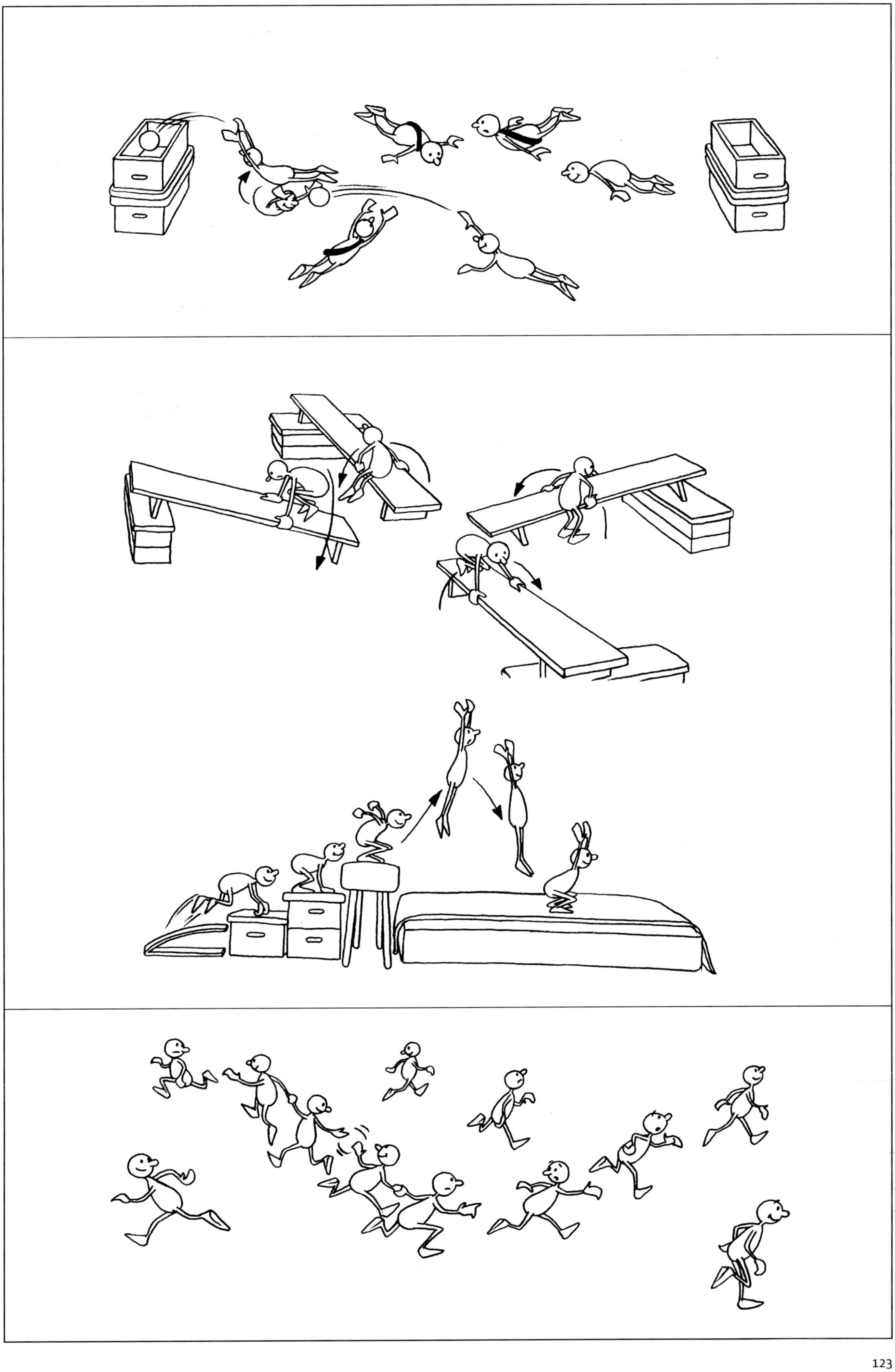

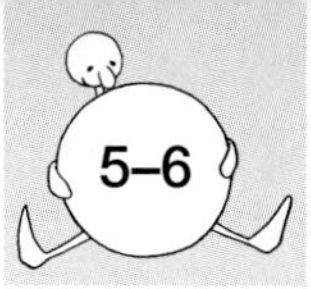

Stützsprünge am Kasten

Intentionen: Vorbereiten der Stützsprünge

Erwärmung — 10 Min.

Stütz- und Sprungübungen mit Fliesen. Jeder Schüler erhält eine Fliese und probiert verschiedene Fortbewegungsmöglichkeiten aus (s. St. 2), danach am Ort:

- ▷ Schlusssprünge vorwärts, rückwärts, seitwärts über die Fliese
- ▷ Grätschen und Scheren
- ▷ Liegestütz auf der Fliese mit gleichzeitigem *Umwandern* der Fliese mit den Füßen (auch als Partnerübung – *Schubkarre*)
- ▷ Sprung aus dem Liegestütz in den Hockstand

Fliesenpfad. Alle Fliesen werden nun hintereinander so ausgelegt, dass sie beidbeinig „durchsprungen" werden können. Beim nächsten Durchgang werden die Abstände zwischen den Fliesen etwas vergrößert. Jetzt geben jeweils zwei Schüler Hilfestellung, indem sie den Springer mittels Stützgriff (Innenhand am Oberarm – Außenhand kurz darunter, jedoch über dem Ellenbogengelenk) von Fliese zu Fliese „geleiten", quasi als Stützpunkt für den Springer fungieren.

Hauptteil — 30 Min.

Stützsprünge am Kasten. Zur Kastensprung-Anlage gehört ein Mattenfeld (Niedersprungmatten oder Weichböden mit Turnmatten kombiniert), drei Kästen quer davor – jeweils gut schulterbreit auseinander – und zwei Reuterbretter, die zunächst in die Gassen zwischen den Kästen (vierteilig oder weiter reduziert) gestellt werden.

- ▷ Die Schüler springen nun die Hocke in den beiden Kastengassen mit dem Hinweis:
  Springt vom hinteren Drittel des Brettes kräftig ab und greift mit den Händen weit vor!
  (Handabdruck auf dem Kasten markieren!)
- ▷ Je zwei Schüler halten jetzt etwa kniehoch (und evtl. höher) eine Zauberschnur und postieren sich damit hinter dem Absprungbrett:
  Macht die Hocke über die Zauberschnur und zieht eure Beine erst nach dem Händeaufsetzen an!
  (Schüler- oder Lehrerdemonstration!)
- ▷ Danach werden – wenn nötig – die Kastenhöhen variiert, die Sprungbretter vor die Kästen gestellt und in nun drei Gruppen gesprungen:
  Probiert, ob ihr aufknien und später aufhocken könnt!
- ▷ Am Kasten der sprunggeschicktesten Schüler steht anschließend der Lehrer mit einem Schüler zur Hilfestellung. Dort gilt:
  Versucht über den Kasten zu hocken! Drückt euch von der Markierung ab!
  (Lehrer- oder besser Schülerdemonstration!)

Ausklang — 5 Min.

Häscher auf der Jagd. Beim Geräteabbau können die Matten liegen bleiben bzw. werden zu zwei Inseln aufgeteilt, auf die sich jeder vor dem Abschlag der zwei Häscher retten kann. Man darf aber nur für die Zeit von beispielsweise fünf Hock-Streck-Sprüngen oder acht Liegestützen auf die Insel flüchten (*„Katzenwache" gilt nicht!*). Nach einer festgelegten Zeit gehen andere *Häscher auf Jagd*.

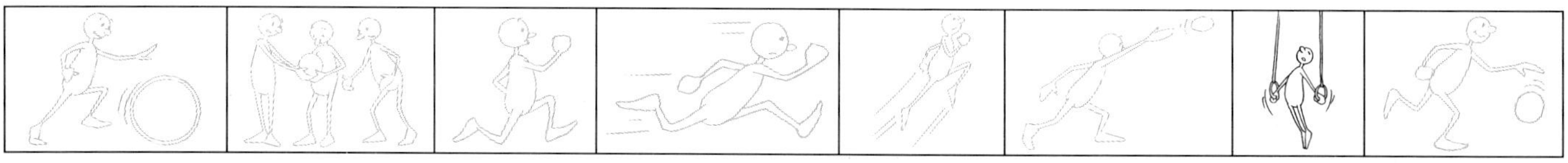

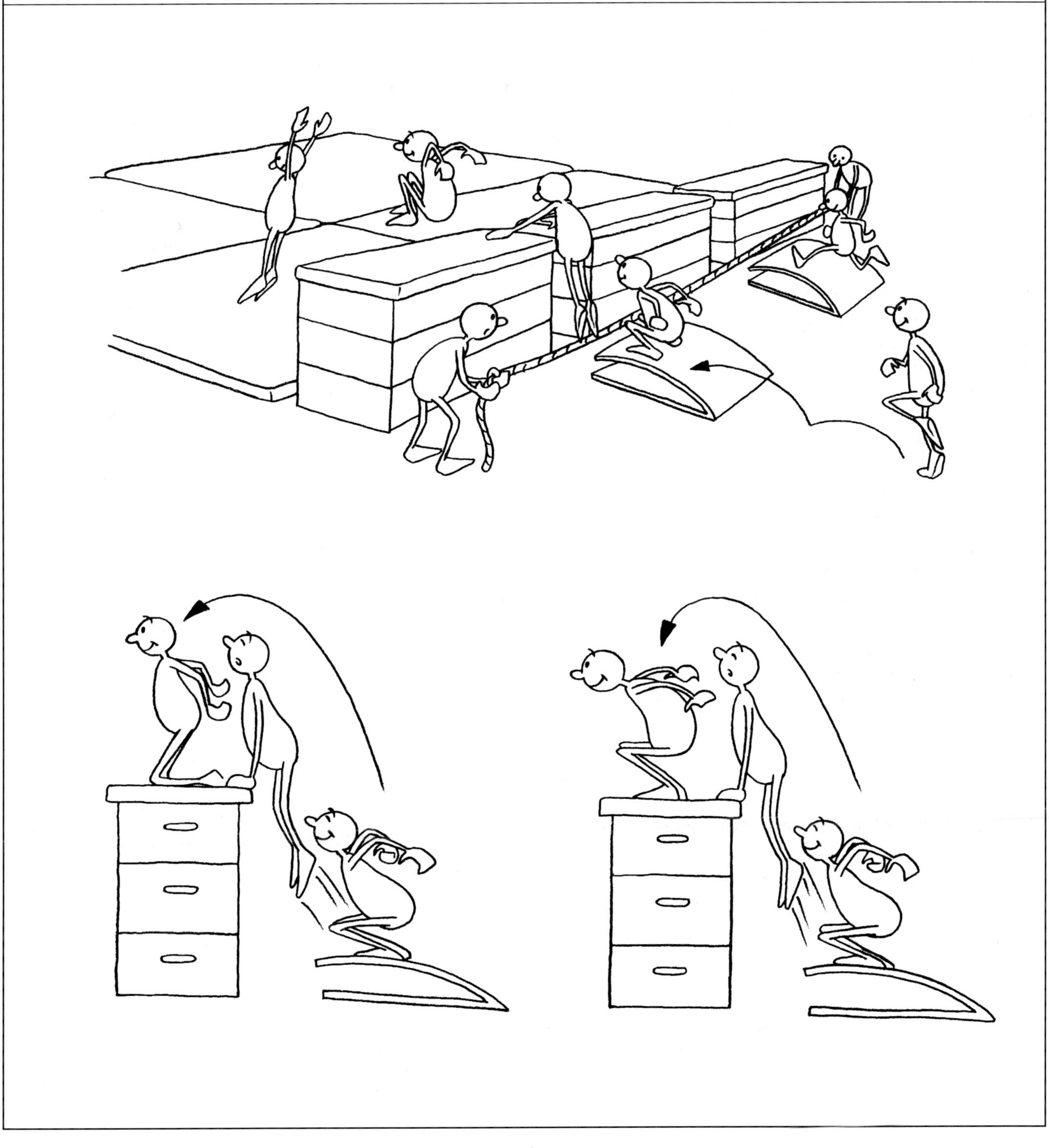

58. Stunde

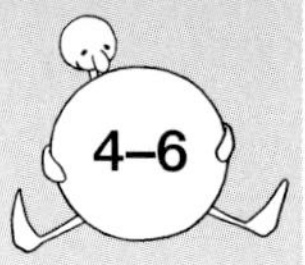

Dribbeln und Spielen

Intentionen: Schulen und Festigen der Dribbeltechnik

Erwärmung **10 Min.**

Brennball-Variante. Zur Erwärmung wird etwa 2 mal 4 Min. *Brennball* (s. St. 23) gespielt, wozu drei oder vier Matten als Freimal – je nach Hallengröße – auf der Laufstrecke ausgelegt werden.

Regeln für die *Läufer*-Mannschaft:
- ▷ Einer wirft und drei Spieler laufen!
- ▷ Jedes Freimal (Matte) bedeutet 1 Punkt!

Regeln für die *Fänger*-Mannschaft:
- ▷ Der Ball wird direkt oder über andere Fänger dem Brenner zugeworfen – ohne oder nur mit einem Schritt Anlauf!
- ▷ Der Brenner darf nicht aus dem Mittelkreis heraus und er ruft *Stopp!*, wenn er den Ball fängt!

Hauptteil **25 Min.**

Dribbel-Übungen. Jeder Schüler hat einen Ball, wobei Basket- und Volleybälle benutzt werden können. Jeder geht oder läuft langsam durch die Halle ohne andere zu behindern und versucht dabei möglichst flach zu dribbeln. Nach 3 Min. stellen sich alle zu einem großen Innenstirnviereck auf (etwa eine Spielhälfte).

Nach Lehrervorbild. Es wird am Ort gedribbelt:
- ▷ Im Stehen / im Sitzen / im Knien / im Liegen
- ▷ Während des Dribbelns den Nachbarn ansehen und sich die Hand geben und gegenseitig vorstellen

An Bänken. Die Schüler üben in der Halle verteilt das Dribbeln an Bänken, während sie sich hinsetzen, aufstehen, eine neue Sitzposition einnehmen, heraufsteigen, auf der Bank dribbeln usw.

Seitenwechsel. Zur nächsten Übung stellen sich die Schüler in Gruppen an den vier Spielfeldseiten auf. Zwei Gruppen wechseln nun immer dribbelnd und gleichzeitig die Seiten ohne sich gegenseitig zu behindern.

An vier kleinen Kästen. Als spielerische Abschlussübung soll auf der Oberfläche von vier kleinen Kästen ein Haus entstehen – gezeichnet mit Kreidestrichen von den Schülern der vier Mannschaften. Dazu stehen die Mannschaften in einiger Entfernung vor ihren Kästen. Die Schüler laufen bis zu den Kästen, nehmen die bereitgelegte Kreide und zeichnen – immer dribbelnd – das Haus, wobei jeder nur einen Strich machen kann. Es siegt die Gruppe mit dem am wenigsten „wackligen" Haus.

Ausklang **10 Min.**

Zahlen legen. Ähnlich wie beim *Buchstaben legen* (s. St. 5) können auch Zahlen entstehen, die der Lehrer nach dem Lauf-Stopp an die Tafel schreibt. Bei einstelligen Zahlen läuft die entsprechende Schülerzahl zusammen. Bei zweistelligen Zahlen wie der 23 laufen fünf Schüler zusammen, die sich zu zweit bzw. zu dritt hintereinander in zwei Reihen setzen, stellen oder legen müssen. Es können auch die Formen der Ziffern gelegt werden.

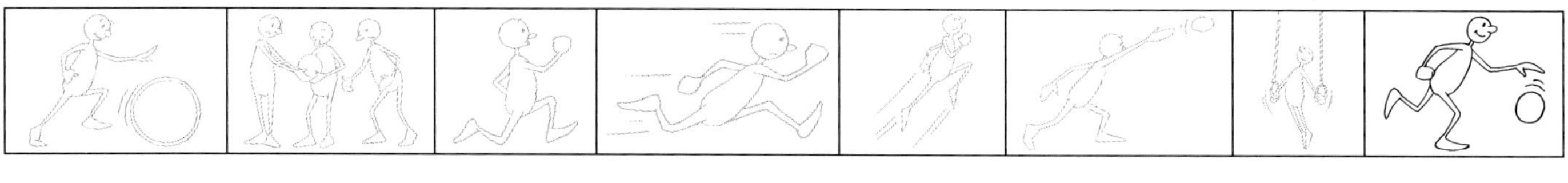

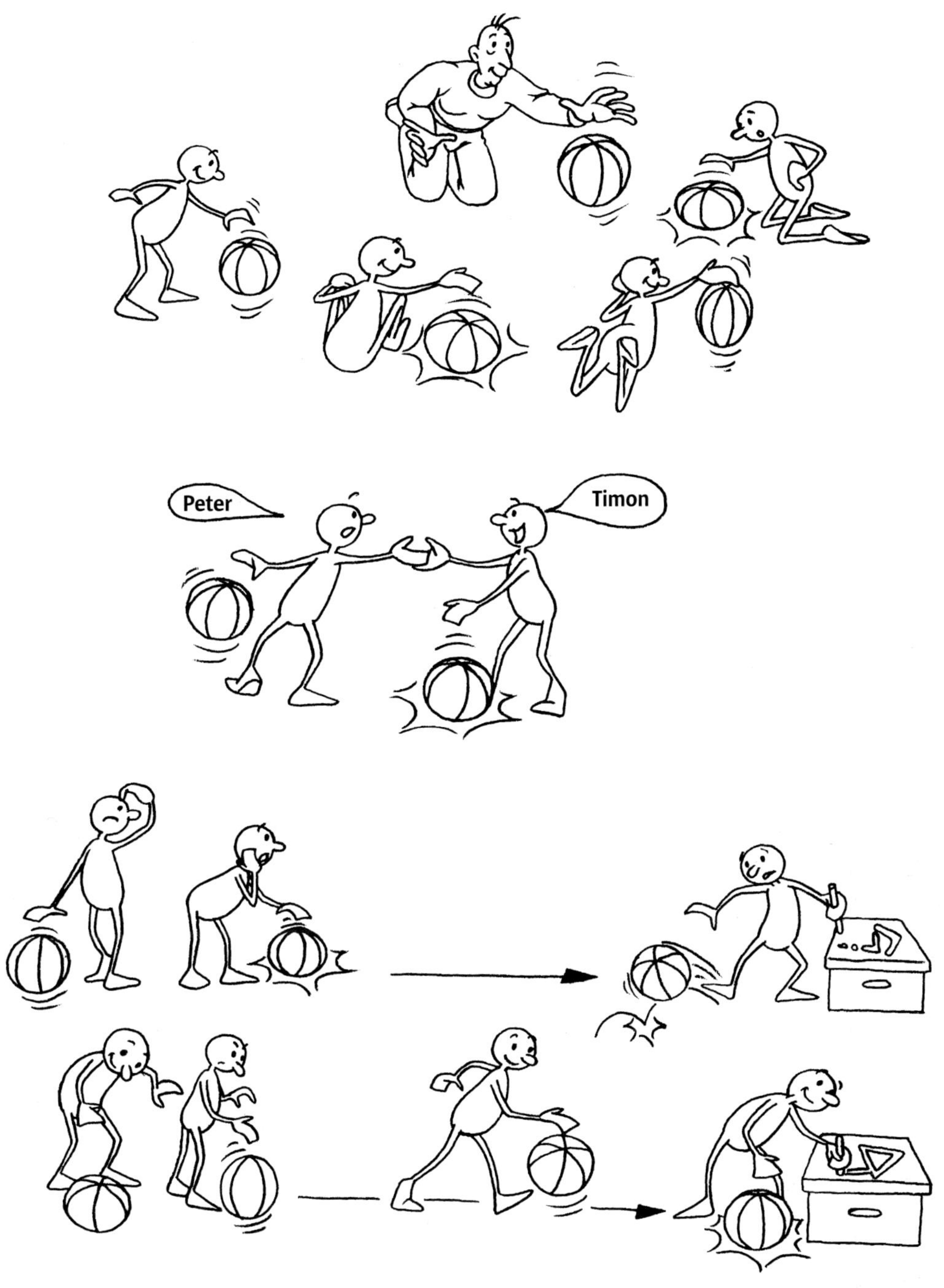
Peter
Timon

12

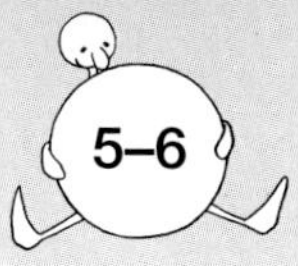

Passen und Fangen

Intentionen: Ballspezifische Fertigkeiten entwickeln

Erwärmung 8 Min.

Zuspiele zählen. Die Stunde wird mit einem Fangspiel eröffnet, welches sogleich die spätere Mannschaftsaufteilung vereinfacht. Ein Fänger beginnt dazu mit Farbband und einem Ball, indem er einen anderen Schüler mit dem Ball zu berühren versucht. Dieser nimmt sich ebenfalls ein Farbband – vier unterschiedliche Farben liegen bereit – und einen Ball, sodass am Ende alle Schüler einen (Basket- oder Volley-)Ball haben und einer Mannschaft zugeordnet sind.

Hauptteil 27 Min.

Gegenüber einer Wand. Alle Riegen stehen in etwa 10 m Entfernung einer Wand gegenüber. Die Schüler dribbeln jeweils – nicht um die Wette – in Richtung Wand, bleiben 2–4 m davor stehen und passen direkt so dagegen, dass sie den Ball wieder fangen können. Nach ein paar Durchgängen wird der Wandabstand ein wenig vergrößert und der Pass indirekt – mit Bodenberührung – gespielt.

In vier Kreisen mit je einem Ball.

- ▷ Außerhalb des Kreises läuft jeweils ein Spieler, der durch seinen Lauf die Richtung und – durch Zuruf – die Art und Weise des Zuspiels bestimmt, etwa: *Über Kopf! – Brustpass! – Indirekt!*
- ▷ Umgekehrt läuft das Spiel, wenn sich der Läufer nach dem variationsreichen Zupassen der Spieler im Kreis richten muss.
- ▷ Ein Spieler steht innerhalb des Kreises. Er bekommt den Ball und passt ihn immer wieder an die Außenstehenden zurück. Er verändert seine Position dabei nur durch den Sternschritt!

Technik des Brustpasses und des Sternschrittes
evtl. zu Beginn demonstrieren (lassen)!

- ▷ Ein Spieler läuft zur Kreismitte, nachdem er den dortigen Schüler angespielt hat. Der läuft danach mit dem Ball an den Platz des Zuspielers und passt von dort den Ball zu einem anderen Spieler im Kreis. Dieser beginnt erneut mit dem Zuspiel zur Mitte.

Zuspielmarathon um die Wette. Zwei vermischt stehende Mannschaften kämpfen schließlich darum, die meisten ununterbrochenen Zuspiele zu schaffen. Verboten ist, dass zwei Spieler eines Teams sich den Ball mehrere Male hintereinander zupassen. Ebenso ist es gegen die Regeln, die Zuspiele des Gegners durch Körperkontakte oder gar Fouls zu verhindern (Dazu evtl. vorher Einweisung!). Möchte man die in einer Gesamtspielzeit beiderseits erreichten Zuspiele gegeneinander aufrechnen, benötigt der Lehrer einen oder zwei Helfer.

Ausklang 10 Min.

Denkmal. Für dieses Spiel werden mehrere pantomimisch begabte Schüler gesucht, die jeweils ihre eigenen *Bildhauer* um sich versammeln. In den Gruppen wird dann versucht, dem Pantomimen eine bestimmte Haltung und Mimik zu geben, in der er dann zum *Denkmal* erstarrt. Die anderen Gruppen müssen herausfinden, was mit dem *Denkmal* ausgedrückt werden soll.

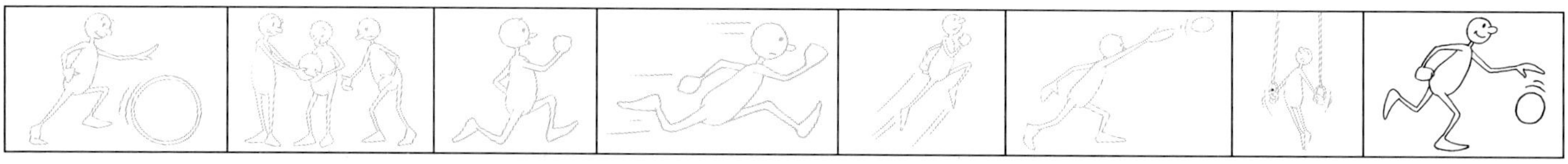

Über Kopf!

Fangen schwer gemacht

Intentionen: Festigung der Grundfertigkeiten im Fangen

Erwärmung — 8 Min.

Heiße Kartoffel. Ein Ball wird als *heiße Kartoffel* hin- und hergespielt. Alle Schüler sind dazu in Bewegung und müssen sich dem Ball besitzenden Schüler anbieten, um den Ball zu fangen, denn ein *heißhungriges Kartoffelmonster* versucht jeweils den Spieler mit dem Ball zu berühren. Gelingt dies, werden die Rollen getauscht. Nach einer Weile können mehrere Bälle eingesetzt und mehrere *Kartoffelmonster* bestimmt werden.

Hauptteil — 25 Min.

Ballfang-Übungen und -Spiele. Im Ballwagen liegen unterschiedliche Bälle bereit. Die Schüler suchen sich einen aus und machen bestimmte Wurf- und Fangübungen:

- Hochwerfen, um die eigene Achse drehen und fangen
- Hochwerfen, in die Hände klatschen – vor und hinter dem Körper – und fangen
- Hochwerfen, hinsetzen oder aufstehen und fangen
- Im Liegen hochwerfen – einmal wälzen – und fangen

In der Kreisaufstellung. In zwei oder drei Kreisen pro Klasse spielen sich die Schüler mehrere Bälle untereinander zu. Ziel ist es, so viele Bälle wie Schüler im Kreis gleichzeitig zuzuspielen.

Wettwanderball. Dieses Spiel ist in einem großen Kreis möglich. Zwei Mannschaften versuchen hier, den Ball möglichst schnell wandern zu lassen, indem die Schüler nicht dem Nachbarn, sondern jedem zweitnächsten den Ball zuspielen.

Abzählen. Dann werden drei Gruppen gebildet, die sich durchnummerieren und sich – jede Gruppe einzeln nacheinander – einen Ball nach aufsteigender Zahl zuspielen sollen. Die abspielenden Schüler bekommen Aufgaben: *Macht nach dem Abspiel fünf schnelle Schritte! / Dreht euch zweimal um die eigene Achse!*

Hasenjagd. Im Unterschied zum Ausklang der 42. Stunde hat der Hase jetzt alle Schüler einer Gruppe gegen sich. Diese müssen sich möglichst schnell einen Ball so geschickt zuspielen, dass einer von ihnen beim Fangen des Balles dem *Hasen* sehr nahe ist; so nahe, dass er den *Hasen* – ohne mehr als zwei Schritte zu machen – mit dem Ball berühren kann.
Der *Hase* stammt natürlich immer aus einer anderen Gruppe. Es siegt die Mannschaft, die den *Hasen* in der kürzesten Zeit gefangen hat.

Ausklang — 12 Min.

Labyrinth. Alle Schüler – bis auf zwei – stellen sich so im Block auf, dass sie zu den Nachbarn nach links, nach rechts, nach vorne und nach hinten je etwa 1 m Abstand haben. In dem so entstandenen *Labyrinth* hat ein Fänger die Aufgabe einen Schüler abzuschlagen. Die Klasse kann den Flüchtenden unterstützen, indem sie mögliche Verfolgungswege des Fängers einschränkt. Dazu können sie sich an der Hand fassen und somit Gassen bilden. Das muss aber einheitlich geschehen, wozu ein vereinbartes Kommando erforderlich ist.

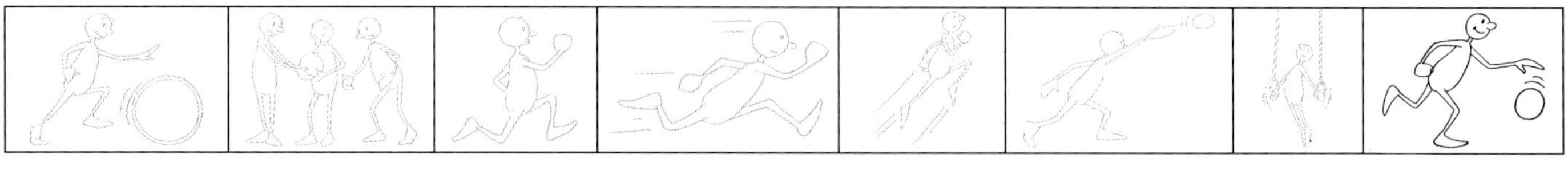

Ballstationen

Intentionen: Beherrschen unterschiedlicher Ballarten

Erwärmung — 10 Min.

Kleine Ballstaffel. Mit drei oder vier Mannschaften soll die kleine Staffel auf den Hauptteil vorbereiten. Dazu teilen sich die Teams noch einmal und stehen sich untereinander jeweils in etwa 8 m Entfernung gegenüber. Unterschiedliche Bälle liegen auf der Startseite in kleinen Kästen bereit. Je nach Beschaffenheit werden die Bälle

- gerollt
- gedribbelt
- getragen
- gepasst (Die Schüler dribbeln oder laufen mit dem Ball in der Hand bis zu Hälfte der Strecke und passen den Ball direkt oder indirekt ihrem Gegenüber zu.)

Hauptteil — 30 Min.

Acht Ballstationen. Die Stationen werden aufgebaut und am besten zuvor an einer Tafelskizze besprochen:

1. **Prellen durch den Reifen:** Zwei Schüler stehen sich in etwa 3 m Entfernung gegenüber und prellen sich indirekt über den am Boden liegenden Reifen mit einer Hand den Ball zu.
2. **Tippen und Fangen:** Schüler prellen und fangen zwei Bälle gleichzeitig.
3. **Drehen und Dribbeln:** Der Schüler muss einen hochkant gestellten Reifen zum Kreiseln bringen. Solange, wie der Reifen sich dreht, kann gedribbelt werden.
4. **Über die Wand:** Zwei Schüler (es können auch mehr einbezogen werden) spielen sich einen Ball über einen festgelegten Punkt an der Wand direkt zu. Jeder abprallende Ball sollte gefangen werden.
5. **Slalom-Dribbeln:** Dribbeln im Slalom um eng aneinander gestellte Pylonen.
6. **Reifen an Reifen:** Dribbeln in eine Kette aus ca. acht Reifen.
7. **Durch das Tor:** In einer Höhe von 1,20 m bis 1,50 m liegt eine Zauberschnur (Hochsprungständer o. Ä.). Die Schüler müssen darunter durch dribbeln.
8. **Rebound:** Ein Schüler wirft auf den Korb, andere versuchen möglichst im Sprung den Ball wieder zu fangen.

Die organisatorische Abwicklung ist vom Alter, dem Können und der Zusammensetzung der Lerngruppe abhängig. Zur Wahl stehen die stringente Variante mit zeitlich begrenztem Stationsdurchlauf (Übungszeit mindestens je 1 Min.) und festgelegten Gruppen oder die freiere Variante mit freier Auswahl aus dem Übungsangebot z. B. mit der Maßgabe, jede Station mindestens einmal besucht zu haben.

Die Schüler sollen nach Möglichkeit an jeder Station verschiedene Bälle ausprobieren können!

Ausklang — 5 Min.

Komm mit! – Lauf weg! Sehr bewegungsintensiv wird das Spiel, wenn z. B. der Läufer außerhalb des Innenstirnkreises mehrere Schüler antippt und sie in die gleiche oder entgegengesetzte Richtung um den Kreis schickt. Der Letzte, der wieder an seinem Platz ist, ist der neue Läufer.

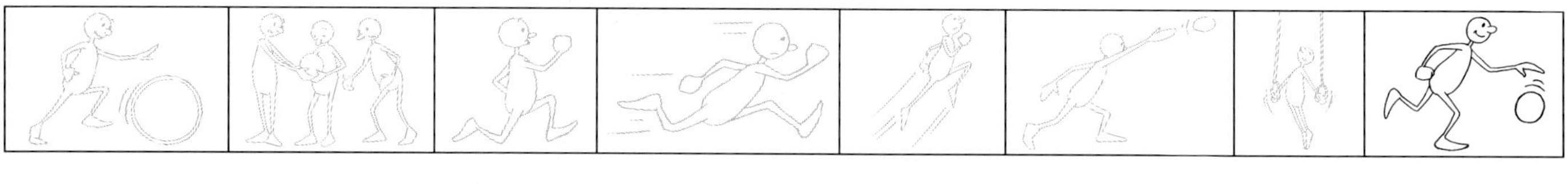

Lauf weg!

Zum Mini-Handball

Intentionen: Technische und taktische Fertigkeiten entwickeln

Erwärmung 7 Min.

Dribbeln mit Verkehrspolizist. Die Schüler laufen mit dem Handball dribbelnd durch die Halle ohne jemanden anzustoßen. Der Lehrer verkleinert schrittweise das zur Verfügung stehende Feld, indem er es wie ein *Verkehrspolizist* mit einer Drei-Seiten-Sperrung oder auch durch Bänke immer weiter einschränkt, sodass sich automatisch das Spielgeschehen verlangsamt, bis schließlich auf der Stelle gedribbelt wird.

Hauptteil 30 Min.

Mini-Handball.

- ▷ **Balljagd im Kreis.** Die Schüler stellen sich je nach Klassenstärke zu zwei oder drei Kreisen auf. Ein Hand- oder Schaumstoffball wird innerhalb eines jeden Kreises zugespielt, was je zwei *Fänger* verhindern wollen. Wenn sie schnell sind und einen Spieler aus dem Kreis berühren, noch bevor der einen gefangenen Ball wieder abspielen kann, wird dieser Schüler neuer *Fänger*.
- ▷ **Balljagd 3:1.** In den aufgezeichneten Handballtorkreisen oder in sonstigen markierten Flächen von etwa 15 bis 20 m² wird die Balljagd im Verhältnis von 3:1 fortgesetzt. Das heißt, drei Schüler spielen sich – in ständiger Bewegung und ohne zu dribbeln – einen Ball zu. Ein Schüler versucht, durch Abblocken den Ball abzujagen. Bei Ballberührung werden die Rollen getauscht.
- ▷ **Mattenball.** Beim Mattenball besteht die Aufgabe darin, durch geschicktes Zuspiel den Ball schließlich auf eine Matte zu werfen, die hinter oder an der gegnerischen Grundlinie auf dem Boden liegt bzw. an einer Wand angelehnt sein kann. Sollten keine Torkreise eingezeichnet sein, behilft man sich mit Markierungsbändern oder Tauen, um eine Art Kreisinnenraum zu schaffen. Folgende Regeln gelten in Abhängigkeit von Alter und Können der Klasse:
  - ▷ Wird ein Ball führender Spieler angeschlagen, verliert er den Ball an den Gegner!
  - ▷ Abspiel spätestens nach drei Schritten!
  - ▷ Der Ball muss direkt die Matte treffen!

  Torwart-Variante: Sie wird ebenso gespielt, doch bewacht diesmal ein Schüler die am Boden liegende Schaumstoffmatte. Er kann ein Tor verhindern, indem er einen anfliegenden Ball vor der Mattenberührung im Hechtsprung wegschlägt oder fängt.

Ausklang 8 Min.

Katze und Maus. Ähnlich wie im *Labyrinth* (s. St. 60) versucht eine Mehrheit zu verhindern, dass die *Maus* von der *Katze* gefangen wird. Dazu bilden die Schüler zwei Kreise – einen äußeren und einen inneren. Die *Maus* kann jederzeit durch die geöffneten *Löcher* der Kreise flüchten. Die Katze dagegen muss darauf hoffen, dass eine der Öffnungen vielleicht zu spät – durch Handfassung – geschlossen wird. Ist die Maus nach ca. 30 Sekunden noch nicht gefangen, beginnt ein neues Katze-Maus-Pärchen das Spiel.

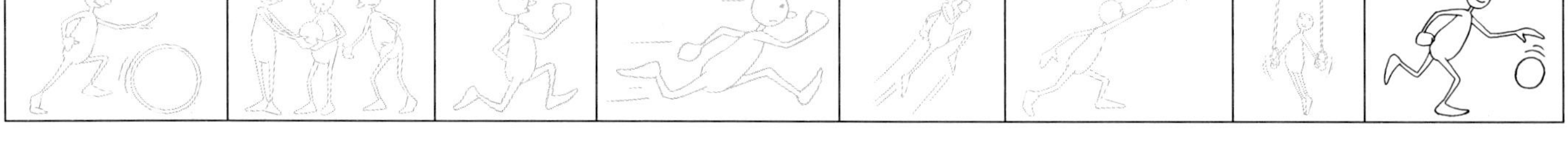

Zum Mini-Basketball

Intentionen: Technik und Taktik miteinander verbinden

Erwärmung — 10 Min.

Dribbeln zum beweglichen Korb. Die Schüler zweier Mannschaften versuchen durch geschicktes Zuspiel mit dem Basketball in die Nähe der gegnerischen Grundlinie zu gelangen. Dahinter wartet ein Fänger der angreifenden Mannschaft, der dafür sorgen muss, dass die ihm zugeworfenen Bälle in einen vorgehaltenen Reifen fallen – ein beweglicher *Korb* also. Sind die Dribbelkünste der Schüler noch nicht weit fortgeschritten, kann man natürlich auch auf den Korbwurf verzichten.

Hauptteil — 25 Min.

Mini-Basketball-Varianten.

Es sollten auch Volley- und Softbälle zur Verfügung stehen.

- **Gassen-Basketball.** Je nach Klassenstärke stellen sich die Schüler in zwei oder drei Gassen auf – immer etwa je fünf Schüler in 2–3 m Entfernung gegenüber. Die Gassen starten an einer Grundlinie und bewegen sich wie folgt vorwärts:
  Immer die jeweils letzten Pärchen einer Gasse spielen sich im Druckwurf zügig einen Ball zu und laufen sofort danach an das Ende ihrer Reihe – höchstens 1 m hinter den letzten Spieler. Welche Gasse ist als Erste auf der anderen Hallenseite?

- **Basketball mit Schwarzem Mann.** Bei einer anderen Spielform soll der *Schwarze Mann* bei der Überwindung des Gegners helfen. Dazu wählen sich die gegenüberstehenden Mannschaften jeweils einen ihrer Spieler aus, der sich nur an einer Außenseite (hinter der Linie) bewegen darf. Die Mannschaften dürfen ihre *Schwarzen Männer* anspielen bzw. von ihnen Bälle zugespielt bekommen und so einen Raumgewinn erzielen. Wenn die hohen Basketballkörbe nicht das Ziel sein sollen, reichen auch kleinere – transportable – Basketballkörbe oder andere Wurfziele (Kästen, Matten). Inwieweit die Zwei-Schritt-Regel beachtet werden soll, hängt von dem schon erreichten Spielniveau der Klasse ab. Man kann phasenweise auch auf das Dribbeln verzichten und den Schwerpunkt auf das schnelle Zuspiel und das Laufen in den freien Raum legen.

- **Königsball.** Gleiches gilt auch für *Königsball*, wo statt des Korbes ein auf dem Kasten stehender *König* (ein Spieler der eigenen Mannschaft) angespielt werden muss. Der kann dann seinerseits von erhöhter Position aus versuchen den Korb zu treffen. Der *Königs*-Kasten sollte im Centerbereich des Basketballfeldes stehen, den die Gegenspieler nicht betreten dürfen.

Ausklang — 10 Min.

Urviech. Zunächst teilt man die Klasse in zwei oder drei Gruppen, um die Bewegungen des *Urviechs* etwas einzuüben. Dazu stellen sich die Schüler leicht versetzt Rücken an Rücken, beugen sich nach vorne ab und fassen durch die Beine einmal den linken und einmal den rechten Hintermann an der Hand. Derart verbunden, müssen sich die *Urviecher* eine bestimmte Strecke vorwärts bewegen. Den Abschluss bildet das *Riesenurviech* aus allen Schülern der Klasse.

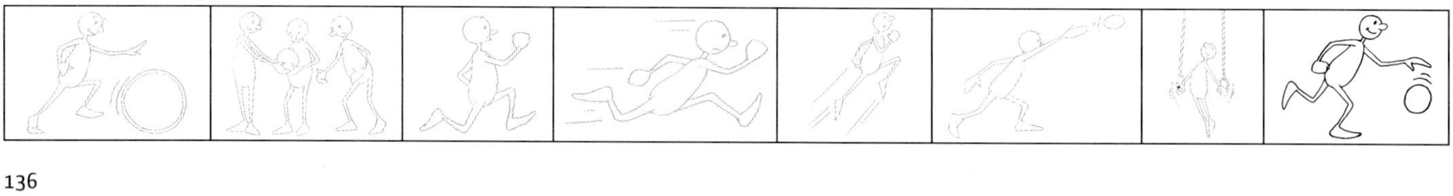

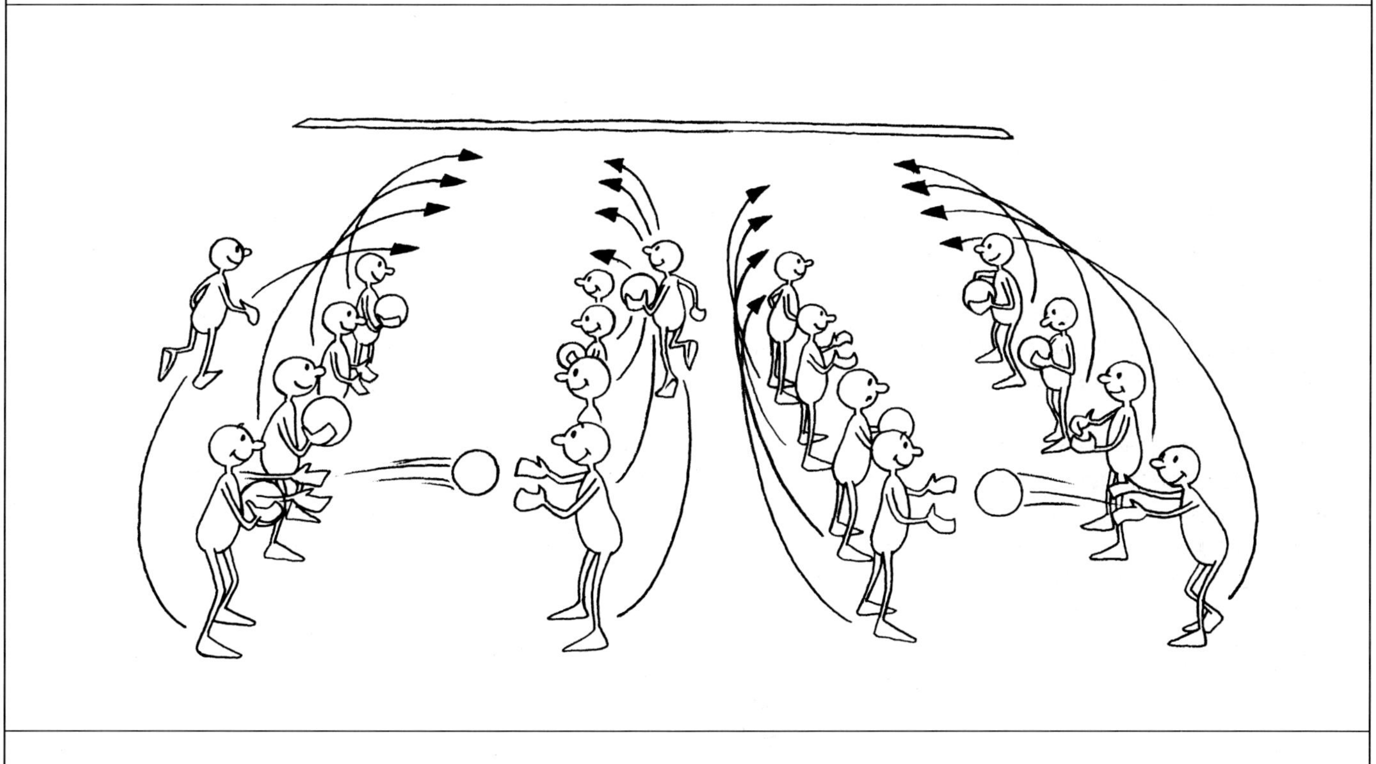

64. Stunde

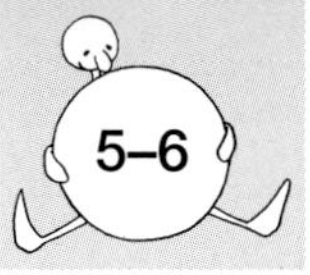

Fußball einmal anders

Intentionen: Altes Spiel neu gestalten

Erwärmung **10 Min.**

Zielschießen. Vier bis sechs Mannschaften verteilen sich gleichmäßig auf den Außenlinien. In der Hallenmitte stehen ebenso viele kleine Kästen – jeweils mit der Öffnung nach oben. In einem festgelegten Abstand davor liegt – für jede Mannschaft extra – ein kleines Säckchen (oder Dose, Schaumstoffwürfel, kleiner Medizinball) bereit. Der Gegenstand muss von den Schülern, nachdem sie eine Runde gelaufen sind, mit dem Fuß in einen der Kästen hineingelupft werden. Die Zuhilfenahme der Hände sollte beispielsweise bei einer Dose erlaubt sein. Ob einer der fünf Kästen getroffen wird oder nicht: Der Gegenstand wird nach jedem Versuch auf die Ausgangsposition zurückgelegt. Wertung: Außenkästen 1 Punkt, Mittelkasten 3 Punkte. Die Mannschaft, die nach einer festgelegten Zeit die meisten Punkte hat, gewinnt.

Hauptteil **30 Min.**

Fußball-Varianten. Es gibt sehr vielfältige Spielformen, deren Regeln natürlich der jeweiligen Situation angepasst werden können. Drei davon sollen hier vorgestellt werden:

- **Mit Schaumstoffwürfel auf mehrere Tore.** Zwei Mannschaft spielen Fußball – mit einem großen Schaumstoffwürfel. Sie haben jeweils zwei oder drei Tore (z. B. aufgestellte Kastenteile), die an den Außenlinien um das Spielfeld herum platziert werden. Trifft der Würfel eines der Tore, so ist für die Wertung die Augenzahl maßgeblich, die auf der dann oben liegenden Seite des Würfels angegeben ist.
- **Keulen-Fußball.** Drei oder gar vier Mannschaften kann es beim nächsten Spiel geben, bei dem es darum geht, etwa fünf in 1 m Abstand aufrecht stehende eigene Keulen zu bewachen und andere mit einem Softball umzuschießen. Verlierer ist die Mannschaft, deren Keulen zuerst liegen.
- **Vier-Felder-Ball.** Wasser- oder kleine Pezzibälle eignen sich sehr gut für Vier-Felder-Ball, wobei Langbänke das Feld in vier Felder teilen. Ziel ist es, den Ball in ein gegnerisches Feld zu befördern, wozu alle Körperteile außer der Hand genutzt werden dürfen. Im eigenen Feld darf der Ball nicht oder nur einmal den Boden berühren.

Ausklang **5 Min.**

Trapper und Indianer. Ein Schüler wird zum *Trapper,* alle anderen zu *Indianern*. Zu Beginn verteilen sich die *Indianer* kreisartig an den Außenseiten. In der Mitte befindet sich der *Trapper, der nachts die ergaunerte Beute bewachen muss*. Die *Indianer* schleichen sich an, wenn der *Trapper* gerade nicht zu ihnen hinsieht. Wird ein *Indianer* beim Heranpirschen erwischt, wird er der neue *Trapper*.
Bei der Lausch-Variante sitzen die *Indianer* im Kreis um den *Trapper* herum, der mit verbundenen Augen seine Beute (z. B. einen Schlüsselbund) bewacht. Hier muss es leise zugehen, denn der *Trapper* kann bloß nach genauem Hinhören mit dem Finger in die Richtung deuten, aus der sich ein *Indianer* nähert, der versucht die Beute zu berühren.

4. Möglichkeiten der Gruppenbildung

Es gibt vielerlei Gründe, im Sportunterricht eine Klasse in Mannschaften und Gruppen einzuteilen. Doch einerlei, ob nun möglichst gleich starke Teams dabei herauskommen sollen oder es um eine bloße Riegeneinteilung aus organisatorischen Gründen geht, die Schüler wollen immer nur eine Frage beantwortet wissen: Wer mit wem?

Das letzte Wort hat natürlich der Lehrer. Es sollte aber auch als letzte Möglichkeit verstanden werden, wenn beispielsweise gar zu große Ungerechtigkeiten zu entstehen drohen oder es zahlenmäßig nicht aufgeht und ein oder zwei Schüler kurzerhand zugeordnet werden müssen. Manchmal muss es einfach auch sehr schnell gehen.

Ansonsten gibt es eine Fülle von Gestaltungsmöglichkeiten, die die Qual der Wahl abwechslungsreich und spannend machen. Vor allem aber kann es ein Ende haben mit dem unsäglichen *Tip-Top*, das für – fast immer die gleichen – Schüler, die am Ende der Prozedur übrig bleiben, ein nur allzu verständliches Gräuel ist.

Ganz zufällig ...

- ▷ **Los.** Alle ziehen ein Los – mit Zahlen, Zeichen, Namen, Tierarten usw. – und ordnen sich zu.
- ▷ **Geburtstagsmonat.** Wer von Januar bis Juni Geburtstag hat, ist in einer Mannschaft.
- ▷ **Initiale.** Die Anfangsbuchstaben der Vornamen sind wichtig. A bis G bilden z. B. ein Team.
- ▷ **Reihen im Block.** Die Klasse stellt sich im Block auf – etwa fünf Reihen mit fünf Schülern. Wenn alle Schüler sich links- oder rechtsherum drehen, entstehen neue Reihen bzw. Riegen.
- ▷ **Jeder würfelt.** Gleiche Zahlen – gleiche Mannschaften. Dieses Verfahren kostet Zeit. Das bedeutet, dass bei vier gesuchten Mannschaften natürlich jeder eine 1, 2, 3 oder 4 würfeln muss. Das bedeutet aber auch: Wenn z. B. das 3er-Team voll ist, muss man solange würfeln, bis eine 1, 2 oder 4 oben erscheint.
  Wesentlich kürzer: Jeder, der eine Drei würfelt, kann sein Team wählen.
- ▷ **Blindes Tasten.** Eine bestimmte Anzahl von Schülern, die der Zahl der zu bildenden Mannschaften entspricht, verlässt die Halle. Die anderen Schüler stellen sich mittlerweile in einer Reihe auf. Nun suchen sich die zunächst Herausgeschickten nacheinander und mit verbundenen Augen, also blind tastend, ihre Mannschaften zusammen.
- ▷ **Zwei Enden der Wurst.** Die Klasse stellt sich in einer Linie auf. Sollen z. B. vier Schüler bei einer Klassenstärke von 20 in einer Mannschaft sein, bilden die zwei jeweils außen stehenden Schülerpaare ein Team.
- ▷ **Abzählen mit Positionszuweisung.** Zu viert oder fünft abzählen geht auch, birgt aber immer die Gefahr, dass Schüler heimlich die Plätze zu tauschen versuchen oder einfach ihre Nummer wieder vergessen. Besser ist es, mit dem Abzählen bestimmte Plätze zu vereinbaren und diese auch sofort einzunehmen: Eins – an der Sprossenwand, zwei – an der Tür usw.

Eher absichtlich ...

- ▷ **Gruppen auffüllen.** Nachdem die Gruppenersten vom Lehrer entsprechend der benötigten Mannschaftsanzahl bestimmt werden und vortreten, ordnen sich die anderen Schüler der Reihe nach zu und beachten: Die Mannschaften müssen gleichmäßig „aufgefüllt“ werden. Erst wenn sich jeder Mannschaft beispielsweise drei Spieler zugeordnet haben, darf sich also ein vierter Schüler zu einer Mannschaft stellen.
- ▷ **Befragung und Selbsteinschätzung.** Diese Variante setzt Verständnis, Einfühlungsvermögen und ein gewisses Maß an eigenverantwortlichem Handeln voraus, das besonders von Schülern der Klassen 5 und 6 erwartet werden kann.
  Aber auch hier darf der Lehrer die Schüler nicht sich selbst überlassen, sondern sollte in den Prozess – mehr oder weniger – moderierend eingreifen. Am besten an der Tafel oder auf einem großen Plakat entstehen dann unter den Augen aller die Mannschaften, indem sich nacheinander jeder Schüler zuträgt oder eingetragen wird, und zwar unter folgendem Aspekt:
  Neben den individuellen Wünschen und Vorlieben soll jeder bei seiner Entscheidung beachten, dass „gerechte“ bzw. relativ homogene Mannschaften entstehen. Das setzt natürlich auch immer voraus, dass die Schüler wissen, welche Fähigkeiten von ihnen erwartet werden.

Während der Erwärmungsphase …

Sehr effektiv, weil zeitsparend, ist die Variante, Mannschafts- und Gruppeneinteilungen für den Hauptteil der Stunde in der Erwärmungsphase vorzubereiten. Dass auf diese Weise eine meist zufällige Einteilung erfolgt, muss der Sportlehrer in seine Überlegungen einbeziehen.

Einige Möglichkeiten:

- ▷ **Laufstopp.** Die Schüler sollen sich nach einem Lauf-Stopp zu einer bestimmten Anzahl zusammenfinden und eine Aufgabe lösen (z. B. *Buchstaben legen,* St. 5). Wenn nun für den Hauptteil beispielsweise sechs Mannschaften (bei 24 Schülern) gebildet werden sollen, heißt die letzte Aufgabe eben: *Findet euch schnell zu viert zusammen und bildet ein E!*
- ▷ **Farbige Klammern anstecken.** Farbige Wäscheklammern werden zunächst beim *Klammerkönig* (s. St. 32) gesammelt. Werden die Klammern jedoch – quasi im Rückwärtsgang – wieder angesteckt, kann man entsprechend den Farben die Teams zuordnen.
- ▷ **Fangspiel mit farbigen Parteibändern.** Jeder abgeschlagene Spieler bekommt vom Lehrer ein Parteiband und wird selbst zum Fänger. Sehr zügig stehen am Ende die Gruppen fest.

5. Literatur

Autorenkollektiv: **Spielen, Bewegen, Entspannen**;
Volk und Wissen Verlag; Berlin 1998

Autorenkollektiv: **Sportpädagogik**/Sonderdruck;
Friedrich Verlag; Seelze 1995

Autorenkollektiv: **Sportpädagogik**/Sonderheft;
Friedrich Verlag; Seelze 1996

Bach, F.: **Gymnastik, Turnen, Sport und Spiel Bd. I**;
Ehrenwirth Verlag; München 1990

Bischops, K./Gerards, H.-W.: **Tips für Sportspiele**;
Meyer & Meyer Verlag; Aachen 1987

Bucher, W.: **1003 Spiel- und Übungsformen in der Leichtathletik**;
Verlag Hofmann; Schorndorf 1986

Fetz, F.: **Leibesübungen für 6 bis 15jährige**;
Österreichischer Bundesverlag; Wien 1983

Frey, G./Hildenbrandt, E./Kurz, D.: **Laufen, Springen, Werfen**;
Rowohlt Verlag; Reinbek 1984

Glorius, St./Leue, W.: **Ballspiele**;
Meyer & Meyer Verlag; Aachen 1996

Hagedorn, G./ Niedlich, D./Schmidt, G. J.: **Basketball-Handbuch**;
Rowohlt Verlag; Reinbek 1885

Katzenbogner, H./Medler, M.: **Spielleichtathletik Teil 1; Anregungen für den praktischen Sportunterricht**;
Sportbuchverlag Corinna Medler; Flensburg 1997

Müller, B.: **Fangspiele**;
Päd. Zentrum Berlin; Berlin 1993

Schraag, M./Durlach, F.-J./Mann, Ch.: **Erlebniswelt Sport**;
Verlag Hofmann; Schorndorf 1996

Thebels, A. H.: **Spielen und Bewegen an Geräten**;
AFRA-Verlag; Frankfurt am Main 1992